職場の戦略人事パートナー
白井旬

企業の未来を変える!

人的資本経営×ESG思考

「社員が主語」の
人事戦略で
成長は加速する

合同フォレスト

はじめに

経営者・管理職・人事担当者の経験から

企業経営において〝ヒト〟の価値をどう捉え、どう活かしていくかが今、問われています。経営資源の4つ「ヒト・モノ・カネ・情報」の中で、実際には〝ヒト〟が軽んじられてきたのではないでしょうか。私自身もそのような時期がありました。急速に変わる経営環境の中、企業に求められるのは価値の源泉となる〝ヒト〟、つまり、「人的資本」への投資です。「人的資本」を正しく経営の中心に据え、「人的資源」管理から、「人的資本」経営へのシフトを図る。この未来志向の変革によって、個人の活躍、事業の発展、そして組織の成長との連動性をどう実現していくかが、今後の企業価値を左右する要素となるでしょう。

脱：「トレンド経営」「ハコモノ組織」「モノマネ人事」

日本の経営戦略や人事施策では、手段が目的化する傾向が見られます。拙書『経営戦略としてのSDGs・ESG～〝未来から愛される会社〟になって地域×業界No.1を目指す』

（合同フォレスト、２０２２年）で指摘した「なんちゃってＳＤＧｓ」（いわゆる活動が伴わない、見せかけだけのＳＤＧｓのこと）もその一例です。

このように表面的な「トレンド経営」、形だけの「ハコモノ組織」、他社事例の「モノマネ人事」といった〝ＮＧ３点セット〟に陥る企業も多く、こうした状況を打開するためには、シンプルで実効性のあるアプローチが必要です。本書はまさにそのためにあります。

「個人の活躍＝能力×状態（活躍の方程式）」でシンプルに考える

人的資本経営の要は、従業員が持つ保有「能力」を最大限に発揮し、社内外で「活躍」してもらうこと。個人の活躍こそが事業の発展と組織の成長の基盤です。ここで役立つのが「活躍の方程式（活躍＝能力×状態）」というシンプルな視点です。

高い「能力」があっても、それを活かす「状態」が整わなければ、活躍にはつながりません。**この状態には「職場の状態」（職場の人間関係、上司と部下の信頼など）と「個人の状態」（心と体の調子、仕事への自信［自己効力感］や将来への希望など）の２つが重要です。本書ではこの「状態」に注目し、活躍を促す具体的方法を解説していきます。**

事業の発展＝人的資本×社会関係資本×心理的資本

持続的な成長には「人的資本」だけでなく「社会関係資本」や「心理的資本」も欠かせません。それは、「事業の発展＝人的資本×社会関係資本×心理的資本」の方程式で示されます。

信頼関係やネットワーク（社会関係資本）が組織の強みを生み出し、自己効力感や健康、未来への希望（心理的資本）が能力の発揮を後押しします。こうした3つの資本が事業発展にどう貢献するのか、具体的なアプローチを用いて解説していきます。

個人も事業も組織も「経験の資本化」で、すべてうまくいく

様々な組織でのサポートを通して、人は「管理される資源」ではなく、運用して価値を高める「資本」だと感じています。また「経験は自動的に資本化されない」という事実も痛感しています。そこで提唱したのが「経験の資本化」というメソッドです。

このメソッドは、個々の経験を「資本（糧）」として可視化・言語化し、個人と企業の両面における「資本」として活かすことを目的としています。現在、多くの企業で、上司と部下の「1 on 1」やキャリアコンサルティングなどで活用していただいており、大変好評です。

まずは、気になる「ワード」から読んでもOKです！

「人的資本経営」という言葉に尻込みする方もいるでしょう。その場合は、目次をざっと見て、気になる「ワード」がある箇所から読んでみてください。

例えば、中間管理職の方は第1章⑧のワーク『「自分でやったほうが早い地獄」から抜け出そう』から、私と同じゲーム世代の方は第4章②『「ドラクエ」「パワプロ」「信長の野望」が教える「楽しさ」の理由』から、人事担当者やキャリアコンサルタントの方は第5章⑥『1つ目のカギは「計画された偶発性理論」』から始めてもよいでしょう。

本書では「活躍の方程式」や「経験の資本化」といった実践的メソッドを提案しつつ、人口減少社会に挑む自動車販売会社や自動車学校で実際に行っているワークや、20年も前から「人的資本経営」に取り組むコンタクトセンターでの実例も取り上げています。

今回、早速、皆さまに「人的資本経営とESG思考」を実践していただけるよう、巻末に「読者特典」を複数ご用意しています。巻末のQRコード↓HPの［お知らせ・新着情報］—【読者特典】の「全ワークシートプレゼント」から、SNSに感想を投稿してくださった方には、本書に掲載の「全ワークシート」をご提供しています。ぜひご活用ください。

本書が皆さまの「人的資本経営とESG思考」の羅針盤となり、共に「未来から愛される会社®」を目指すためのヒントとなることを願っています。

目次

第2章 「ESG」との融合が「人的資本経営」に相乗効果をもたらす

第3章 人的資本を活かす「絆と信頼（社会関係資本）」と「自信と調和（心理的資本）」

第4章 経験を成長・成果につなげて組織を変える──「経験の資本化」

第5章 これからの「戦略人事の役割」と「人的資本開示」

第6章　成功のカギは「企業文化」と「組織風土」

第*1*章

事業の発展には「持続的な個人の活躍」を叶える「人的資本経営」が必須

1 人的資源は「費用・管理・消費」、人的資本は「元手・運用・投資」

最近、「これからの企業経営には人的資本が重要！」や「今後、日本復活のカギは人的資本経営にある」という言葉を多くのシーンで見聞きするようになりました。

これらの表現には、「これまでの方法を改め、時代に合わせて経営戦略を進化させる必要がある」というニュアンスが込められています。

その「人的資本経営」よりも以前に行われていたのが「人的資源経営」（今も、多くの企業が人的資源経営）である、というのが一般的な考え方です。

日本はバブル崩壊後、30年以上の長きにわたって「人的資源経営」を続けてきた結果、**「今なお、閉塞感が続いている」というのが多くの論調であり、それらを打破していくため、日本政府が未来への国家戦略として掲げて、推進しているのが「人的資本経営」です。**

この似ている2つの言葉（人的資源と人的資本）の基本的かつ本質的な違いについて、いくつかの視点からわかりやすく説明したのが、**図表1－1**です。

大きな枠組みとして、人的資源は「費用・管理・消費」（短期損益－PL的）、人的資本は

図表1－1 「人的資源」の考え方と「人的資本」の考え方

人的資源の考え方	人的資本の考え方
商売における費用	商売における元手
費用は、少ないほうがよい	元手は、増えたり減ったり
人材は管理するもの	人材は運用するもの
画一均一でリスクが逓減	多種多様でリスクが低減
資源は、過去の蓄積から消費	資本は、未来へ向けての投資
例：石油資源には限りがある	例：身体は資本だから大切に

「元手・運用・投資」（長期運用－BS的）と考えると理解しやすくなります。そこで、(1)経費と元手、(2)管理と運用の2つの視点から詳しく説明します。

(1) 経費（人的資源）と元手（人的資本）

ビジネスの基本は「売上－経費＝利益」です。数ある経費の中で「人（人材）」に関する代表格が人件費や研修費です。人的資源経営では「人は商売における費用」として短期的に捉えることから、人件費や研修費は「極力、少ないほうがよい」という判断になります。

一方、「貯金を元手に株取引を始める」や「これまでの信用を元手に商売を始める」のように、**「人は商売の元手」として、長期的に捉えるのが人的資本経営になります。**

当然、元手は多いほうが選択肢や可能性が広がることから、元手となる人材への適切な投資（採用・定着・育成・活躍などに関する支出）が行われることとなります。

もちろん、経営において、**売上を大きく上回るような高すぎる給与や、目的のない研修などの不適切な支出で赤字が続くような投資は、人的資本経営とはいえません。**

(2) 管理（人的資源）と運用（人的資本）

一般に、資源の性質や形状に「バラつき」があると「管理」が難しくなります。例えば、水、油、砂糖といった異なる性質の資源を一緒に管理しようとすると、それぞれに適した保管方法や温度管理が必要となり、手間が増えます。また、資源の形が○・△・□では、多種多様な容器を用意する必要に迫られ、多くの経費がかかってしまいます。

この原理に従うと、「人的資源経営」では、管理しやすい画一的・均一的な人材（≒似通った能力や強みを持つ人材）が多くなり、変化への対応が難しくなります。

また、「自分の能力を超えた部下」や「自分が知らない新分野」に苦手意識を持つような管理職では、部下の能力を活かしきれず「付加価値」が生まれにくくなります。

このように、**人的資源経営では、画一的な人材の「管理」が優先され、効率性が重視され**

る反面、変化への対応力やイノベーションの発生頻度が減少するリスクがあります。

一方人的資本経営では、多様な人材を活用し、組織全体の柔軟性と競争力を高める「運用」が求められます。これを先の「貯金を元手に株取引を始める」に当てはめて考えます。

例えば、株式はA社だけで運用すると、A社の株が暴落した時など含め、様々なリスクが伴います。そこで、A社・B社・C社など業種・業界が多様な銘柄で運用します。あるいは、日本企業の株式だけでなく、アメリカ・欧州・アフリカ・東南アジアなど、世界中の様々な国や地域の株式で運用をするなどしてリスクヘッジを図ります。

これを「バラつき」とするか、あるいは「多様性」とするかの判断によって、その後の経営が変わります。

かつての日本の職場に見る「日本人・男性・正社員・9時~17時・月~金」のような画一的な「人的資源」に比べて、「多様な国籍・性別・働き方・価値観」などの「人的資本」では、**各自が保有する能力を最大限に活かし、「新たな付加価値を生み出す」ためのマネジメントや、「互いに支援し合う」柔軟な組織風土づくりが求められてきます。**

第1章
第2章
第3章
第4章
第5章
第6章

2 時代とともに下がる「付加価値」と日本の現状（先進国で最低レベル）

能力の「付加価値」は時代の変化に伴って低下することがあります。例えば、かつての「算盤《そろばん》」です。算盤は、計算の熟練度が高いことが大きな価値でしたが、電卓、表計算ソフトなどの登場により「計算能力が一般化」し、その付加価値は相対的に低下しました。技術の進化が進む中で、従業員が持つスキルや企業の提供する製品・サービスの付加価値も、時代に対応しない限り下がるリスクがあります。**企業が旧来のスキルや技術に依存していると、結果として競争力が低下し、労働生産性が減少する原因となります。**

国の経済規模を示す国内総生産（GDP）とは、国全体の「付加価値」の総和です。それでは、現在の日本のGDPはどの程度なのでしょうか？

経済協力開発機構（OECD）の2022年データでは、日本の1人あたりの労働生産性は世界31位と、主要先進国の中で最低レベルです。

日本が依然としてアメリカ、中国、ドイツに次いで世界4位の経済大国であるのは、人口が多いことが大きな要因であり、個々の生産性は他国に大きく劣ります（図表1－2）。

図表1－2　2022年・就業者１人当たりの労働生産性

（単位：購買力平価換算USドル）

1	アイルランド（255,296）	15	ドイツ（125,163）
2	ノルウェー（219,359）	—	OECD平均（115,454）
3	ルクセンブルク（182,738）	27	韓国（92,508）
4	アメリカ（160,715）	31	**日本（85,329）**
5	スイス（157,639）	38	コロンビア（47,722）

出典：日本生産性本部「労働生産性の国際比較 2023」をもとに筆者作成

さらに、24ページにあるように、G7諸国では日本以外の国々が30年の間に実質賃金を順調に伸ばしている中、日本は賃金がほとんど横ばいの状態が続いています。

このことが「日本は経済大国だけれども、国民一人ひとりが豊かさを感じられていない」という現象の大きな原因の一つであると考えられています。

こうした状況を打破するためには、付加価値を維持・向上させる人的資本への投資が不可欠です。

企業が持続的な成長を目指すためには、従業員のスキルを時代に合わせてアップデートし、価値を生み出す能力を高め続けることが重要です。この投資が労働生産性の向上に直結し、長期的な競争力を確保するための基盤となります。

3 「子どもの習いごと」は〝人的資源〟or〝人的資本〟のどっち？

２０２４年3月、世界最大規模の世論調査会社イプソスが発表した「２０２４年イプソスグローバル幸福感調査レポート」によると、日本を含む世界30カ国の2万３２２６９人を対象に行った調査で、「幸せである」と回答した日本人は57％にとどまり、調査対象国30カ国中28位という結果でした。

さらに、２０１１年の調査から13年間で、日本人の幸福感は13ポイント減少し、「自分の経済状況に満足している」と答えた人はわずか36％で、最下位となっています。

この調査では、幸福感は「家族と友達」「健康と安全」「お金と政治」「学校・仕事・生活の質」など、様々な観点から総合的に評価されており、これらの要素が組み合わさって幸福の定義が形成されています。

こうした日本の幸福感の低下を背景に、子どもの「将来の可能性や幸福感を高める」手段として「習いごと」が、より一層注目されています。

近年、人気のある「子どもの習いごと」には、水泳、英会話、ピアノ、習字、サッカー、ダンス、プログラミングなどがあり、いまだ「算盤」も根強い人気を誇ります。

親世代に聞くと「子どもがぜんそく気味だったが、水泳で症状が改善した」や「恥ずかしがり屋だったが、サッカーを通じて積極的になった」といったコメントが多く寄せられ、子どもの健康・性格・能力など、その後の人生に関わる要素への関心が高まっています。

参考までに、子どもの習いごとにかける費用の平均は、2022年のソニー生命の調査によると月額1万4429円、2024年のベネッセ教育総合研究所の調査では月額1万6676円となっており、おおむね毎月1万5000円前後と考えるとよいでしょう。

さて、この「子どもの習いごと」を「人的資源経営」と「人的資本経営」の視点から考えてみましょう。

家計に余裕がある状況では、「習いごと」は「子どもの才能開花」や「将来の可能性を広げる」ための投資であり、長期運用型の「人的資本経営」に該当するといえます。

しかし、収入が大きく減少し家計が圧迫されると、毎月の家計のやりくりが重要となり、食費や光熱費・交際費等と同様に「習いごと」も削減され、短期損益型の「人的資源経営」として対応せざるを得ない状況が生じてくると考えられます。

4 「人的資本経営」への転換と失われた30年

２０２０年9月、経済産業省が発表した「人材版伊藤レポート」により、日本における人的資本に関する課題が明らかになりました。続いて、２０２２年5月には「人材版伊藤レポート２・０」が発表され、国内19社の「人的資本経営」の事例が紹介されました。このレポートにより、企業に対して「人的資本経営」を実践することが求められています。

さらに、２０２２年6月には「骨太方針２０２２」および「新しい資本主義のグランドデザイン及び実行計画」が閣議決定され、企業に対する「人的資本経営」への転換と「人的資本の情報開示」が義務づけられるようになりました。その結果、２０２３年3月期から上場企業は、有価証券報告書において人的資本情報を開示する義務を負うことになりました。

このような「人的資本経営」への転換は、日本が直面している経済停滞からの脱却を目指す重要な取り組みです。特に、「失われた30年」と呼ばれる１９９０年代初頭から２０２０年代初頭までの期間は、経済の停滞と賃金の横ばいが続き、大きな問題とされています。

この時期、日本では不動産価格や株価の大暴落により、多くの銀行や証券会社が倒産し、企業ではリストラやコスト削減が進行しました。また、不良債権問題の影響で金融機関が貸し渋りや貸し剥《は》がしを行い、多くの企業が大きな打撃を受けました。

その結果、日本人の賃金はこの30年間ほぼ横ばいであり、労働者の意欲や生産性にも悪影響を及ぼし続けています。

例えば、2017年にギャラップ社が実施した「従業員エンゲージメント調査」では、日本の「熱意あふれる社員」の割合がわずか6％にとどまり、多くの人々に衝撃を与えました。その7年後の2024年6月に発表された同調査の最新報告でも、**「仕事に対して意欲的かつ積極的に取り組む人」は依然として6％にとどまり、かつ、「仕事に対して意欲を持とうとしない人」は24％にも達しています。**

「働き方改革」の推進以降も、従業員の意欲が依然として低い状態にあり、このことは、「日本の企業や国の経済に悪影響を及ぼす可能性が高い」と懸念されています。

この「失われた30年」と呼ばれる日本の状況を理解するために、同じ時期に他国がどのような状況であったかを見てみましょう。OECDのデータをもとに作成した**図表1－3**「各国の賃金比較」では、1991年を基準に各国の実質賃金の推移を5年ごとに示しています。

図表1－3　各国の実質賃金（1991年を100とし、推移を記載）

	アメリカ	イギリス	カナダ	ドイツ	フランス	日本	イタリア
1991年	100.0	100.0	100.0	100.0	100.0	100.0	100.0
1996年	103.4	105.6	100.8	110.4	104.5	101.9	95.7
2000年	117.1	123.1	109.7	113.4	110.2	102.7	99.9
2006年	122.8	138.9	113.9	115.8	118.1	104.0	102.9
2010年	129.1	143.5	124.4	117.1	126.0	101.9	105.0
2015年	135.0	142.8	131.7	127.3	129.8	99.7	101.7
2020年	146.7	144.4	137.6	133.7	129.6	103.1	96.3

出典：OECD.Statにより購買力平価ベースにて筆者作成

1991年と比較して2020年の日本の実質賃金は103・1％で、ほぼ横ばいの低成長を示しています。対照的に、G7の他の5カ国（アメリカ、イギリス、カナダ、ドイツ、フランス）は、2020年時点で実質賃金が129・6％から146・7％の範囲で成長を遂げています。

仮に毎年1％ずつの上昇が30年間続いた場合、複利効果で実質賃金は134・8％に達します。これは、カナダ（137・6％）やドイツ（133・7％）とほぼ同じ水準です。

このことからも、**わずかな年々の賃金上昇が長期的に大きな差となり、結果として、日本と諸外国との差が、年を追うごとに大きく広がっていることがわかります。**

図表1－4　GDPに占める企業の能力開発費の割合の国際比較

	アメリカ	イギリス	ドイツ	フランス	日本
1995～1999年	1.94	2.23	1.34	1.45	0.41
2000～2004年	2.13	2.01	1.34	1.51	0.33
2005～2009年	2.03	1.11	1.29	2.00	0.15
2010～2014年	2.08	1.06	1.20	1.78	0.10

出典：「平成30年版 労働経済の分析―働き方の多様化に応じた人材育成の在り方について―」厚生労働省

さらに、厚生労働省が２０１８年に発表した「ＧＤＰに占める企業の能力開発費の割合の国際比較」（**図表1－4**）によると、２０１０年から２０１４年の５年間のアメリカのＧＤＰに占める「企業の能力開発費」は約２％です。

日本の約０・１％と比べると、約20倍もの差があり、企業の能力開発費と各国の実質賃金には明確な相関があると考えられます。

このデータは、企業が人材に投資することが長期的な賃金上昇、ひいては経済全体の成長に寄与する可能性を示唆しています。

5 人的資源は「損益計算書」、人的資本は「貸借対照表」

「失われた30年」における人材投資と能力開発の状況を説明するために、第4節で触れた「子どもの習いごと」の例を再度取り上げます。

〝家計に余裕がある場合、子どもの「習いごと」は「才能を伸ばし、将来の可能性を広げる」ための投資と考えられ、これは長期的な「人的資本経営」に該当します。しかし、収入が減り家計が厳しくなると、日々のやりくりが優先され、「習いごと」もほかの支出と同様に削減されます。この場合、「習いごと」は短期的な「人的資源経営」として扱われることになります。〟

これを企業経営に置き換えると次のような表現になります。

〝業績が好調な場合、企業は「研修」や「研究開発」に投資し、「社員の能力向上」や「将来のビジネスチャンス拡大」を図ります。これは、長期的な視点からの人的資本への投資であり、「貸借対照表（BS）」の観点では企業の資産として評価されます。

一方で、売上が減少し利益が圧迫されると、企業は目先の収益を確保するために、広告費や交際費と同様に「人件費」や「研修費」「研究開発費」を削減せざるを得なくなります。この状況では、**企業は短期的なコスト削減を重視した人的資源の扱いを選択し、これが「損益計算書（PL）」に反映されます。**

なお、「貸借対照表（BS）」では、無形資産である人的資本に関する記載がないため、新たに「統合報告書」や「人的資本開示」などを活用して可視化していきます。〟

人的資本への投資は、長期的には企業の競争力を強化し、持続的な成長を支える基盤となります。例えば、社員の能力開発に継続的に投資することで、イノベーションが促進され、市場競争で優位に立つことが可能になります。また、人的資本への投資は、社員の「やる気」や「貢献意欲」を高め、結果として生産性の向上や離職率の低下につながります。

しかし、経済状況や市場環境が急速に変化した場合、「人的資本経営」が持続困難となるリスクも存在します。短期的な財務状況が厳しい中で、人的資本への投資を継続することが難しくなることがあり、その結果、企業の長期的な成長が阻害される可能性もあります。

このような状況では、**短期的には「人的資源経営」が必要となるかもしれませんが、長期的な視点を失わず、最終的には再び「人的資本経営」に戻すことが重要です。**

6 人的資本の〝投資効果〟と現場の〝行動変容〟

人的資本経営が長期的な競争力を高めるカギとなる一方で、その効果を具体的に確認することが重要です。

ここでは、人的資本への投資が、企業業績にどのような影響を与えるのか、そして、その効果を最大化するために必要な「現場の行動変容」について考察します。

人的資本の充実が企業の業績（例：1人あたりの生産性）に影響を与えることは、多くの研究で確認されています。例えば、2011年にクルックらが行ったメタ分析（複数の研究結果を統合して分析する手法）では、1991年以降の66件の先行研究を統合し、以下のことが明らかになりました。

1　人的資本への投資は、企業の業績に直接プラスの影響を与える（相関係数0・1）。

2　また、人的資本への投資は、作業上の成果を向上させることで（相関係数0・32）、間接的に企業業績にも良い影響を与える（相関係数0・27）。

ここで注目すべきは、「作業上の成果が向上することで企業の業績にも良い影響が出る」という点です。つまり、**現場レベルでの「行動変容」につながるような人的資本への投資が、企業の成功にとって非常に重要だと考えられます**。

この考え方は、ウィスコンシン大学名誉教授ドナルド・L・カークパトリックが1975年に提唱した「カークパトリックモデル」とも一致しています。このモデルは「4段階評価法」とも呼ばれ、教育や研修の効果を次の4段階で評価します。

①反応：受講者の満足度で評価。研修終了後のアンケートや後日のヒアリングなどで、受講者の満足度（定量）やコメント（定性）から研修の効果を評価します。

②学習：受講者の理解度で評価。研修終了後のテストやレポートなどで、受講者が研修で学んだ内容を理解しているかを測定して、研修の効果を評価します。

③行動：受講者の行動変容で評価。研修内容を実際の業務で活用できているかを、1〜6カ月後を目途に評価します。行動変容を促すには、現場の管理職の協力も必要で、評価までに時間を要することから、第3段階まで評価する企業は少ないです。

④業績：業績にどの程度の影響を与えたかを、費用対効果で測定。業績には研修以外の要因も影響するため、純粋に研修効果として測定するのは難しいとされています。

この「カークパトリックモデル（4段階評価法）」において、第4段階（業績）での評価は現実的に難しいため、企業が第3段階（行動変容）までを採用することが、本質的な「人的資本経営」といえます。しかし、実際には第1段階（反応―満足度）や第2段階（学習―理解度）でとどまっている企業が多く、この点に課題があります。

次は、当社に実際に寄せられた企業の相談例であり「人的資本経営」の本質を十分に理解していない可能性があると考えられます。

相談　〝東海地方で物流業を経営しています。昨年、あるセミナーで「変化の激しい時代だからこそ、人的資本経営が重要です！　まずは、リスキリングから始めましょう！」と聞き、従業員の意識改革を期待してオンデマンド学習サービスを導入しました。

カリキュラムにはDXやカーボンニュートラルなどの最新コンテンツが揃っており、大きな効果を期待していました。しかし、**半年たっても従業員の行動には変化が見られず、受講率も低迷しています。**従業員が自主的に学び、リスキリングの効果を上げるには、どうしたらよいのでしょうか？　さらに、人的資本経営って本当に効果があるのでしょうか？〟

この相談から見えてくるのは、単に人的資本へ投資するだけでは、必ずしも企業の成長につながらないという現実です。

投資が効果を発揮するためには、次節の「経営環境に適応した経営戦略と人事戦略との連動」、そして、社員の行動変容を伴った現場での実践が重要です。

この実践を促すためには、単なる研修コンテンツの提供だけでなく、現場の管理職によるサポートや、成果を評価する仕組みも必要不可欠となってきます。**こうした現場での取り組みを強化することが、人的資本経営の真価を発揮させるカギとなります**。

ここで再び問われるのが、人的資本経営と利益の関係です。「人的資本経営」が利益を生むのか、それとも利益があるから「人的資本経営」が可能になるのか。この両者は相互に影響し合う関係にあります。

人的資本への投資が企業の成長を促進し、その結果として利益が生まれる一方、安定した利益が人的資本への再投資を可能にするのです。このバランスをどのように維持するかが、持続可能な企業経営のカギとなります。

7 スキー場に見る「経営環境」と「人的資本」の関係性

本章2（18ページ）で「付加価値は時代とともに低下する」と述べたように、「持続的な個人の活躍」と「持続的な事業の発展」を実現するためには、**変化する経営環境に対して、全社一丸となって適応する努力が不可欠です。**

まず重要なのは、**図表1－5**に示されているように、会社が目指す理想の姿（経営理念、社訓・社是、ビジョン、ミッション、パーパスなど）を達成するために、刻々と変化する経営環境に対応した経営戦略（事業戦略も含む）を立てることです。

その経営戦略を現場レベルで実践するためには、人事戦略が極めて重要です。つまり、**「経営理念↔経営環境↔経営戦略↔人事戦略」が連動することが肝心であり、これこそが「人的資本経営」の本質です。**

この経営戦略に合わせて、適切な人材の採用、既存人材の新たな能力開発、育成目的の計画的な配置転換などを行うのが、現在注目を浴びている「戦略人事」と呼ばれる概念です。

加えて、近年、「変化の激しいＶＵＣＡ《ブーカ》の時代」と言われるように、経営環境の変化は一層激しくなっています。ＶＵＣＡとは、以下の言葉の頭文字を取った造語です。

図表1－5　経営理念―経営環境―経営戦略―人事戦略

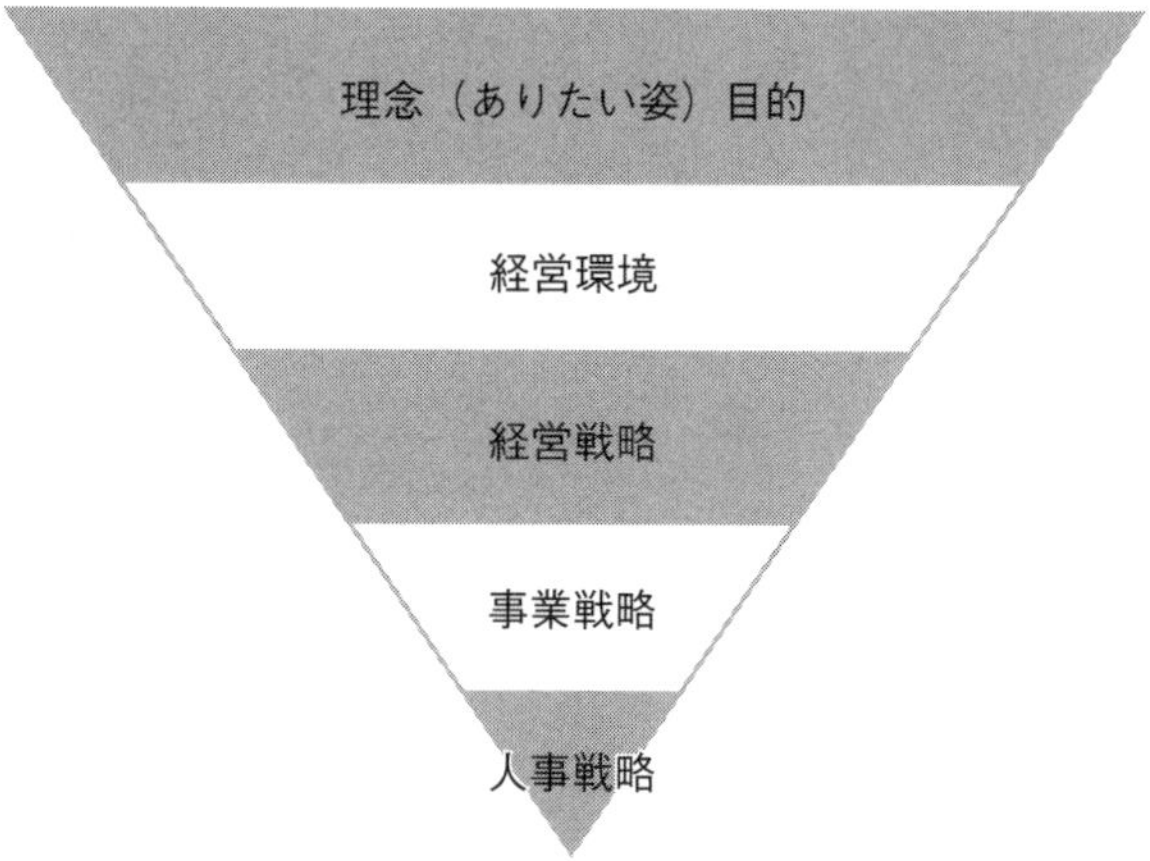

◆V（Volatility）：変動性・不安定性……技術革新による急激な市場変化

◆U（Uncertainty）：不確実性……気候変動や人口動態による不確実な要因

◆C（Complexity）：複雑性・不加算的……多くの要因が絡み合う状況や要因

◆A（Ambiguity）：曖昧《あいまい》性・不明確さ……消費者価値観の多様性など不明確な要素

このような環境下で持続的な成長を達成するためには、柔軟で迅速な対応が求められます。本節では、人的資本経営研修で「わかりやすい」と評価された「架空のスキー場」のケースを通じて、経営環境に適応した経営戦略と人事戦略の連動の重要性を説明します。

ケース設定

（時代背景）信州のスキー場を継いだ3代目経営者。1985年現在、業績はまずまず。
（市場変化）1972年の札幌オリンピックを契機に起こったスキーブームは一段落。
（人員構成）スタッフは父親の時代から長く勤めるスキーヤーが中心の少数精鋭。

1 スキーブームの再来（急激な追い風）

1987年、映画『私をスキーに連れてって』（監督：馬場康夫、主演：原田知世）の大ヒットにより、若者を中心にスキー人気が再燃しました。1991年には「JR SKI SKI」キャンペーンもスキー人気を後押ししました。

また、1987年の労働基準法改正により週休2日制が本格化し、週末には多くの若者がスキー場を訪れるようになりました。

スキー人口は1982年の600万人から1992年には1760万人へと急増し、リフトや食堂には長蛇の列ができるほどの過熱ぶりで**人手不足が深刻化しました。経営者は人材を選ぶ余裕がなく、とにかく採用を進めることが最優先となりました。**

〈経営環境への対応〉
- **経営戦略**：スキー場への積極的な投資
- **人事戦略**：スタッフの大量採用

2　スノーボーダーの登場（判断を迫られる状況）

1996年頃から、新たなウィンタースポーツとしてスノーボードが注目を集め始めました。スキーヤーとスノーボーダーの間でマナーを巡る論争が起こり、経営者はスノーボーダーの受け入れを決断しましたが、これにより新たな課題が発生しました。

〈経営環境への対応〉
- **経営戦略**：スキーとスノーボードの両面対応（スキー場からの転換）
- **人事戦略**：往年の**スキー・インストラクターの学び直し（リスキリング）**、若手のスノーボード・インストラクターの積極採用

3　気候変動による雪不足（四季対応への転換）

ここ数年の気候変動により、スキー場での積雪量が減少する傾向が強まっています。人

工雪を使用してゲレンデを確保しようとしても、燃料の高騰などで経費がかさみます。そのため、雪に頼らない通年型ビジネスへの転換を図り、新たな顧客を開拓する必要が生じました。

〈経営環境への対応〉

●経営戦略：「冬季のスキー場」から「通年型の山岳レジャー」への転換。

●人事戦略：シーズン雇用から常勤雇用へ。訪日外国人向けの知識・スキルの習得。

このように、スキー場の経営環境はこの40年間で大きく変化してきました。各時期において、それぞれの経営環境の変化に適応するための経営戦略の変更が不可欠でした。

そして、その**経営戦略と連動した人事戦略**（個人の知識やスキルのアップデート）や、現場**レベルでの行動変容**（持続的な個人の活躍）、**つまり効果的な「人的資本」への投資が、持続的な事業発展にとって極めて重要であることが明らかです。**

例えば、『スキー場は夏に儲けろ！　誰も気づいていない「逆転ヒット」の法則』（東洋経済新報社、2022年）の著者である和田寛氏が再生した「白馬岩岳マウンテンリゾート」

の事例を見てみましょう。

このスキー場では、2016〜2017年の記録的な小雪で来場者が激減し、冬季のスキー客だけに頼らない「オールシーズン・マウンテンリゾート」というコンセプト（経営戦略）に舵を切ります。そのことは書籍にも次のように書かれています。

〝それは、スタッフと話し合って出した「私たちはスキー場ビジネスをやっているわけではない」という結論と「半日程度以上の時間を国内外のお客様に使ってもらい、目に見える製品や商品をお渡しすることなく、満足感や爽快感を覚えてリフレッシュした状態で、元の生活に戻ってもらうビジネス」という再定義から始まりました〟

その結果、2023年冬季シーズンの来場者が約12万人に対し、4〜11月のグリーン期には約22万人が訪れるまでに成長しています。


以上の例からもわかるように、経営環境の変化に対応し、経営戦略と連動した人事戦略を構築することが、持続的な事業発展にとっていかに重要であるかが理解できるでしょう。

特に、**人的資本への投資は、企業が長期的な成功や事業の発展を収めるための基盤であり、変化の激しい時代においては不可欠な要素です。**

8 ワーク

「自分でやったほうが早い地獄」から抜け出そう

企業経営においては、「人的資源経営（短期的視点）」と「人的資本経営（長期的視点）」が重要視されています。これを管理職の立場で考えると「仕事を教えるための時間」に関する投資や運用として、「人的資源マネジメント」と「人的資本マネジメント」となります。

近年、残業や長時間労働が制限される中、多くの管理職は限られた時間内で業務を完了させるプレッシャーを感じています。その結果、**「部下に任せて育てる（長期的視点）」よりも、「自分で迅速に処理する（短期的視点）」ことを選択するケースが増えています。**

この現象の象徴が、いわゆる「仕事の巻き取り」です。この「巻き取り」という選択は、短期的には業務を効率よくこなすための有効な手段と考えられがちです。

しかし、長期的には部下の成長を妨げ、管理職自身も「自分でやったほうが早い」というループから抜け出せなくなり、結果としてプレイング・マネージャーとしての業務負担が増大します。**これこそが「自分でやったほうが早い地獄」であり、これは「人的資源マネジメント（短期的視点）」の典型的な問題です。**

この問題を解決し、持続可能な「個人の活躍」と「事業の発展」を達成するためには、部下の成長を促進しながら、業務全体の効率化を図ることが重要です。しかし、現場では「言っていることはもっともだが、理想論では？」という反応が多いのも事実です。

そこで、管理職が「自分でやったほうが早い地獄」から抜け出すためのワーク「人的資本マネジメントの可視化メモ」をご紹介します。

このメモは、日々の業務の中で「自分でやったほうが早い」と感じる瞬間を「可視化・言語化」し、長期的視点での改善を図るためのツールです。

私自身の経験でも、**月次決算を通じて会社の資本（お金）の使い方が明確になり、より効果的な先行投資ができるようになりました。この考え方を時間に置き換えて長期運用していくのが「人的資本マネジメントの可視化メモ」です。**これまで、日本全国の1万人以上の管理職の方に実践していただき、効果を上げています。

《人的資本マネジメントの可視化メモ》

ステップ１　現状把握「自分でやったほうが早い！」と感じた場面を記録する

どのような業務でそう感じたのか、担当者は誰だったのか、どのような状況でそう感じたのか、また、その後の対応を簡潔に書き出します。

ステップ1　記入例：

〈ケースA〉「自分でやったほうが早い！」と感じたけれど、仕事を任せきれたケース

日付	2024年7月3日（水）－**任せきれた**
内容	［担当：Ｙさん］社内の部署間交流会チーム編成（座席）の作成
状況	「こんな感じでどうですか？」と仮編成がきたが、意図がまったく伝わっていなかった
対応	時間に余裕があったので、目的・意図を再度伝えて、改訂版の作成を依頼した

〈ケースB〉「自分がやったほうが早い！」と感じて思わず仕事を巻き取ったケース

日付	2024年7月13日（金）－**巻き取った**
内容	［担当：Ｋさん］市場調査データをもとにしたグラフ作成と分析コメント
状況	提案資料の提出期限が迫っていたため
対応	３割進捗 ▶ 仕事の巻き取り後、２時間で完成

ステップ2 〈ケースA〉記入例:

日付	2024年7月3日（水）－ **任せきれた**
内容	［担当：Yさん］社内の部署間交流会チーム編成（座席）の作成
状況	「こんな感じでどうですか？」と仮編成がきたが、意図がまったく伝わっていなかった
対応	時間に余裕があったので、目的・意図を再度つたえて改訂版の作成を依頼した
理由	Yさんが早めに進捗を報告・相談してくれたため時間に余裕があった
変化	Sさんからフォローの申し出あり。Yさんのスキルが向上、職場の関係も良好に

ステップ2 振り返りと分析（仕事を任せきれた編）

「自分でやったほうが早い」と感じつつも、仕事を巻き取らずに担当者に任せきれた理由を記録します。その後の担当者の変化については後日記載します。

ここで重要なのは、「自分で巻き取らずに任せられた成功要因」を振り返り、言語化することです。多くの人は、ミスやトラブルの際に「反省」や「改善」をしますが、うまくいった時に振り返らないことが多く、結果として望ましい状態を再現する確率が低くなってしまいます。**成功も失敗も、問題がある時もない時も、定期的に「振り返り」を行って、「失敗は改善し、成功は再現する」というスタンスをとることをお勧めします。**

ステップ3 〈ケースB〉記入例:

日付	2024年7月13日（金）－**巻き取った**
内容	市場調査データをもとにしたグラフ作成と分析コメント（担当：Kさん）
状況	提案資料の提出期限が迫っていた。実はKさんが分析方法を知らなかった
対応	３割進捗 ▶ 仕事の巻き取り後、３時間で完成
改善	事前にスキルや経験を確認。なければ１時間程度のレクチャーを行う
育成	月に１度、スタッフ同士の業務勉強会や成功事例共有会（２時間）を実施

ステップ3 振り返りと改善（仕事を巻き取った編）

仕事を巻き取った場合については、次に同じような状況が起こった時に、どう指示を出し、どうフォローアップすれば部下に任せきることができるかを考え、具体的な改善策を実行します。イメージとしては「タイムマシンに乗って、その時まで戻れたら」です。

ステップ4 時間投資の評価

月末に、巻き取った仕事に要した時間と、事前にスタッフに投資すべきだった時間（先行投資）を比較し、どれだけの時間を有効活用できたかを明確にします。

ステップ4 & ステップ5 〈ケースB〉記入例:

巻き取った時間	30時間（結果として自分が使った時間）
先行投資の時間	12時間（仕事依頼の際の効果的な時間）
所感	最初の指示を曖昧にしてしまった結果、2倍以上の時間を要していることがわかった。 「時間があればスタッフを指導できる」と考えていたが、「育成への先行投資が不足していたため、時間が創出できなかった」と理解した。 半年に1回の60分面談ではなく、毎月15分×6カ月＝90分に変更することで投資効果が高まるかもしれない

ステップ5 定期的な見直し

この過程を繰り返し、定期的に見直すことで、**徐々に「自分でやったほうが早い地獄」から抜け、長期的な人的資本の運用が可能になります。**

この「人的資本マネジメントの可視化メモ」は、最初は手間に感じるかもしれませんが、短期的な「時間の損益」と長期的な「時間の運用」をバランスよくマネジメントするために非常に有効です。長期的な視点での人材育成が、最終的には業務全体の効率化につながることを意識しましょう。

さらに、**このプロセスは、ご自身のより良い「ライフ&キャリアデザイン」にも大きな影響を与えることが期待できます。**業務だけでなく、個人の成長やキャリアの方向性にも資する取り組みとして、ぜひ活用してみてください。

9 ワーク

「トレンド経営」「ハコモノ組織」「モノマネ人事」から抜け出そう

私はこれまで300社以上の企業を支援してきた経験から、持続的に成功する「人的資本経営」には2つの重要な役割が存在すると考えています。それは、**「人材や組織の成長に積極的に関与する経営者」と「経営戦略を深く理解し、それを人事戦略に反映できる人事担当者」**です。

しかし、多くの企業では、これらの役割を担える人材が少なく、結果として「トレンド経営」「ハコモノ組織」「モノマネ人事」といった形式的な取り組みが広がっています。最近は、その点に気づいた経営者からの本質的な伴走支援の依頼が増えています。

①トレンド経営：流行の概念（例：ビジョン経営、健康経営、サステナブル経営など）を取り入れることですが、形だけをマネしても効果は限られます。

多くの場合、「社長が新しいトレンドに乗ったけれど、またすぐに飽きるだろう」といった冷ややかな見方をされることが多いです。

②ハコモノ組織：国の政策や社会情勢の変化に応じて、新たなチームや委員会をつく

ることです（例：ＳＤＧｓ推進チーム、女性活躍推進プロジェクトなど）。

しかし、形式的に組織をつくっただけでは、経営者の支援が不足し、プロジェクトが機能しないことがよくあります。

③モノマネ人事：他社の成功事例をそのまま導入することです（例：コーチング、フリーアドレス、１on１ミーティングなど）。他社の成功を模倣するだけでは、自社においては効果が薄い場合があります。

これらの形式的なアプローチを避けるためには、**経営者と人事担当者がそれぞれの役割を理解し、協力することが重要です。**そのために有効なのが、「経営理念－経営環境－経営戦略－人事戦略」を共通言語化し、可視化することです。

例えば、47ページの**図表１－６**は、熊本トヨタ自動車株式会社（熊本県熊本市：代表取締役社長井原宏）が取り組んだ「経営理念－経営環境－経営戦略－人事戦略」ワークの例です。

この図表をもとに、従業員一人ひとりの「キャリア自律」と会社の「未来を担う人材の育成」を目的とした次世代リーダー発掘・育成プログラム（ＮＬＰ）や、業務の「属人化」（特定の個人に依存しすぎる状態）を防止し、部署間や店舗間での「本質的な連携」

を目的とした社内留学などが進められています。

加えて、**各種研修時には必ず、この「経営理念－経営環境－経営戦略－人事戦略」の概念を共有し、従業員同士で意見交換や事例共有を行っています。**

また、研修やプログラムの受講レポートのフォーマットにもこの共通言語を表記し、理解と浸透を図っています。これにより、経営者が理想とする組織像と現場の実践行動がつながり、「トレンド経営」「ハコモノ組織」「モノマネ人事」といった形式的なアプローチ（手段の目的化）に陥ることが少なくなり、より本質的な「人的資本経営」に近づいています。

同社の場合、当法人が「戦略人事」的な役割として関与していることもあり、経営者インタビューや全社員大会での「経営方針」の発表資料、中期経営計画「A・C・T2025」の資料、従業員ヒアリングなどをもとに私がこの共通言語化（可視化）ワークを行いました。

皆さまの会社でも、総務・人事部や取締役・部長クラスが中心となって経営者と連携し、二人三脚でこのような共通言語化（可視化）ワークを取り入れることをお勧めします。

第1章

第2章

第3章

第4章

第5章

第6章

図表1－6　熊本トヨタ自動車株式会社の事例

経営理念・ビジョン	●熊本で最も愛され信頼される人を育てます ●熊本を走るすべての人に、一人ひとりの幸せをお届けします
経営環境	●国内の新車販売台数（軽自動車を除く）は右肩下がり（2025年に250万台予測）、1991年は600万台。 ●プレミアム市場と保有台数はほぼ横ばい、介護福祉車両のニーズが高まる。 ●若年者労働人口は減少。給与と昇格だけではない動機が顕著になっている。
経営戦略・事業戦略	●大躍進プロジェクト：以下の３つの「好循環サイクル」を実現します。1. 安定した収益の確保、2. さらなる投資の拡大、3. 会社の持続的な発展 ●町いちばん宣言！：以下の３つの「幸せのサイクル」を促進します。 1. お客様からの信頼、2. 地域社会への貢献、3. 従業員の成長 ●中期経営計画「A・C・T 2025」（2022年7月～2026年3月）：リピート客を増やし、会社・店舗・スタッフ全員でお客様との絆を深めます。
人事戦略	私たちは、顧客の生涯価値（ライフタイムバリュー）を高めることで、顧客の幸せと事業の発展を両立できる従業員の採用・育成・定着・活躍を目指します。 そのために、「個人担当制（この人から〇〇したい）」から「チーム制（この会社から〇〇したい）」へと移行します。また、変化に強い「自走自律型の人材」と「相互支援型の組織」を実現するため、次の３つの取り組みを進めます。 1. 従業員一人ひとりの「キャリア自律」を促進する。 2. 部署間や店舗間での「本質的な連携」を強化する。 3. 業務の「属人化」を排除し、標準化と効率化を進める。

第2章

「ESG」との融合が「人的資本経営」に相乗効果をもたらす

1 変化の時代に求められる「持続可能な経営」

「持続可能性」「持続可能な〇〇」「サステナビリティ」という言葉は、1980年代から途上国の開発問題や地球環境問題の専門家の間で使われ始めたとされています。**サステナビリティの概念は、もはや単なる流行語ではなく、現代社会の不可欠な要素として位置づけられ、企業経営にも求められています。**

日本では、2005年に始まった「ESD（持続可能な開発のための教育）」を契機に認知が進み、特に教育現場で先行していた印象があります。また、2020年から実施された「新しい学習指導要領」では、史上初めて「前文」が設けられ、「持続可能な社会の創り手になること」が明記されました。

2016年に「SDGs（持続可能な開発目標）」がスタートすると、サステナビリティは広く注目を集めました。特に2020年の東京オリンピック前後に、各種イベントやプロモーションが展開され、**街には「会社に言われて…」と17色のバッジを誇らしげにつけた「SDGsおじさん」たちが増加しました。**昨年、フランスで開催されたパリ・オリンピック20

24においても「サステナビリティ」に関連したニュースが話題となっていました。

こうした背景から「持続可能性」や「サステナビリティ」という言葉が普及していますが、その意味や定義が必ずしも深く理解されていない可能性もあります。

そのため、「持続可能性」を感覚的かつ体系的に捉えることを目的に、次ページの**図表2－1**「持続可能型（事業発展＆実力発揮）と持続不能型（事業衰退＆能力減退）」を作成しました。

これは、持続可能性を視覚的に捉えるための重要なツールであり、沖縄県の「人材育成企業認証制度」での10年間の事務局長としての経験や、300社以上の企業支援を通じて得た経営者から現場までの声を広く集めて体系化したものです。

図表の説明に入る前に、企業経営における「持続可能性」について私の考えをお伝えします。**企業にとっての「持続可能性」は、次の3つの要素に集約されます。**

1　従業員が長く活躍できること（知識や経験が蓄積・活用されて実力発揮）

2　顧客とより良い関係を長く維持できること（リピートや口コミで販管費減・収益増）

3　発展する事業を創り、長期的に利益を上げ続けること（時代の変化に対応する）

図表2－1　持続可能型（事業発展型）と持続不能型（事業衰退型）

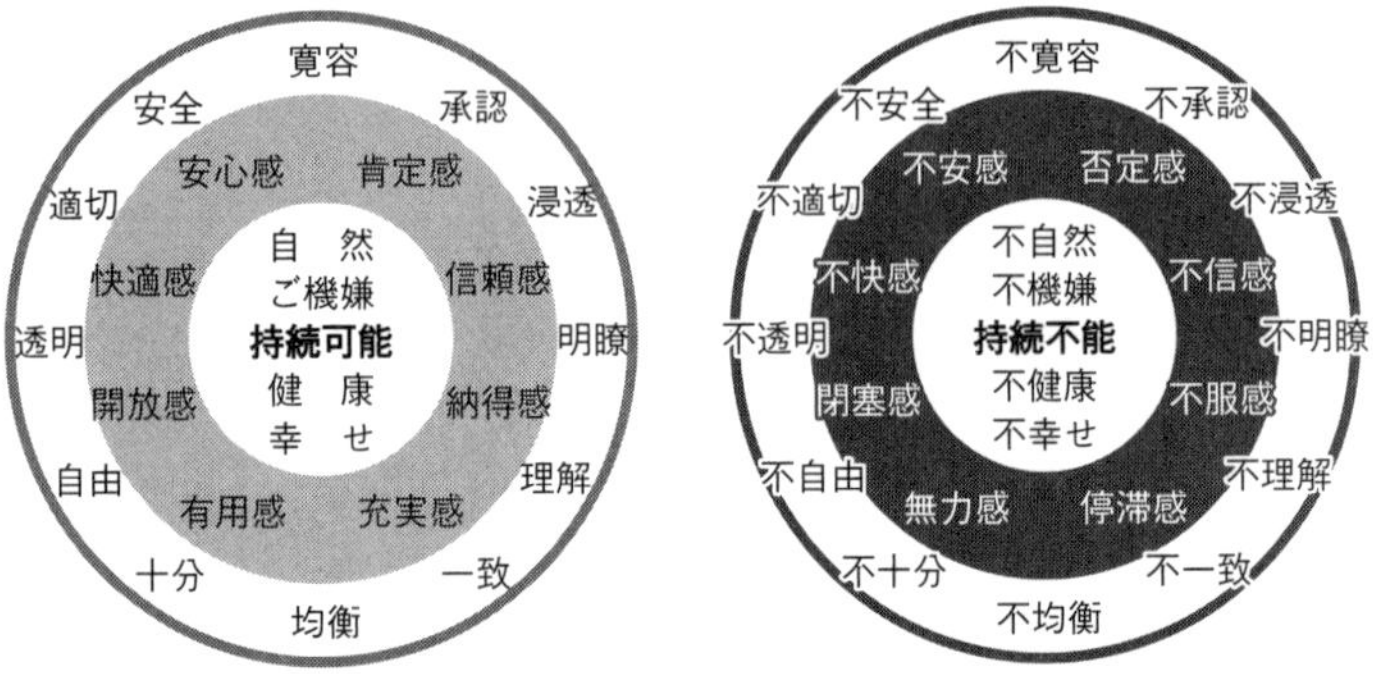

持続可能型（事業発展＆実力発揮）組織＆キャリア＆地域

持続不能型（事業衰退＆能力減退）組織＆キャリア＆地域

出典：『経営戦略としてのSDGs・ESG～"未来から愛される会社"になって地域×業界No.1を目指す』（白井旬、合同フォレスト、2022年）

企業は、創業期から成長期、成熟期、衰退期、そして第二次創業期というサイクルを繰り返します。これを乗り越え続けると「100年企業」に近づいていきます。このサイクルの中で、**従業員、顧客、事業のいずれかに短期的に注力することもありますが、最終的にはバランスを保ち、会社の存続＝持続可能性を高めることが重要です。**

図表2－1では、この「持続可能（↕持続不能）」を頂点とし、それを支える4つの要素として次の点を挙げています。これらの要素をバランスよく整えることで、企業は持続可能な成長を実現できると考えます。

◆**自然**：組織全体にムリ・ムダ・ムラが

なく、従業員が自然に活躍できる状態（例：付加価値、労働生産性）。

◆**ご機嫌**：組織全体が不機嫌でなく、従業員が笑顔で働ける状態（例：組織感情、アンガーマネジメント）。

◆**健康**：組織全体が心身ともに健康で、従業員が活力に満ちている状態（例：健康経営、メンタルヘルス）。

◆**幸せ**：組織全体が幸福で、従業員が満足感を得られる状態（例：幸福学、ウェルビーイング）。

次に、「持続可能性」と「自然・ご機嫌・健康・幸せ」の次の階層として、**従業員個々人が抱いている「感情」や「思い」、組織全体に漂う「空気感」や「雰囲気」があります。**

具体的には「安心感」「肯定感」「信頼感」「納得感」「充実感」「有用感」「開放感」「快適感」の8つが挙げられます。例えば、「今の仕事では重要な役割を任され、充実感を得ている」や「当社は、お互いが助け合う文化で、安心感がある」といった表現です。

さらに、「持続可能性」と「自然・ご機嫌・健康・幸せ」「安心感・肯定感・信頼感・納得感・充実感・有用感・開放感・快適感」の次の階層が、**従業員が日々直面している「場面（シチュエーション）」あるいは「状況」や「状態」です。**

具体的には「安全」「寛容」「承認」「浸透」「明瞭」「理解」「一致」「均衡」「十分」「自由」「透明」「適切」の12個があり、「今日の社長の話は、ビジョンが明瞭で理解しやすかった」や「当社は、前向きな挑戦に寛容です」といった表現で示されます。

このように、**日々の仕事における些細《ささい》な「場面」の積み重ねが、従業員個々人の「感情」や企業文化や組織風土といった「空気感」を形成します。**そして、それが「組織全体の状態」や「マネジメントの在り方」に反映されます。結果として「従業員の定着」「リピーターの獲得」「事業の発展」などにつながり、最終的に企業の「持続可能性」を高めるのです。

例えば、人事評価制度について、自分では〝A評価〟を期待していたのに、上司から思いがけず「不一致」な〝C評価〟を受けたとします。

その理由について具体的な説明もなく、「不明瞭」なまま放置されると、上司に対する「不信感」や会社や制度に対する「不服感」が募ります。そのような「不○○」な状態が続くと、上司との関係が「不自然」になり、「不機嫌」な状態でミスやトラブルが増え、業績悪化や求職・退職といった「持続不能」な状態につながる可能性があります。

つまり、**「持続可能性」とは、「不」がない状態を個人、組織、そして地球全体に意識的に**

創り上げていくことだと言えます。

ここで、「変化の激しい」時代を意味する「ＶＵＣＡ」（32ページ）を改めて見てみると、いずれの要素にも「不」が含まれており、社会全体に「不」が漂っている状態です。

◆**Ｖ（Volatility）**：変動性・**不安定性**……技術革新による急激な市場変化
◆**Ｕ（Uncertainty）**：**不確実性**……気候変動や人口動態による不確実な要因
◆**Ｃ（Complexity）**：複雑性・**不加算的**……多くの要因が絡み合う状況や要因
◆**Ａ（Ambiguity）**：曖昧《あいまい》性・**不明確さ**……消費者価値観の多様性など不明確な要素

だからこそ、**私たちは「自分」や「自社」といった内側において、常に「不」を解消し続け、いつでも身動きがとれるようにしておく備えが必要です。**

究極のひと言で表現するならば、企業における持続可能性とは「地球にも、人にも優しい」組織づくり。つまり、「人的資本経営とＥＳＧ思考の両立」ということになります。企業が未来に向けて進むべき道筋として、持続可能性の実現は不可欠です。

2 トップランナーからの凋落《ちょうらく》
――持続不能な経営と疲弊する現場

かつて日本は「持続可能な経営」の先進国として世界に誇る実績を持っていました。戦国末期から江戸時代にかけて活躍した近江商人による「三方よし」や、渋沢栄一が掲げた「論語と算盤《そろばん》」の精神は、企業、顧客、社会の三者が共存共栄する経営哲学です。

特に**「三方よし」は現在も経営モデルとして評価されており、渋沢の「道徳と経済の両立」も現代のサステナビリティ経営の基盤となっています。**

これらの伝統的な経営思想は、現代の「SDGs」「ESG」「人的資本経営」とも共通しています。例えば、ESG投資やCSV（共有価値の創造）は、社会的価値と経済的価値を両立させるという渋沢栄一の理念と一致しています。「人的資本経営」も、従業員の成長を企業の持続的発展と結びつける点で、「三方よし」の精神に通じています。

しかし、現代の日本企業は、急激な市場変化や労働環境の課題に対応できず、苦境に立たされています。**特に「人的資本」への投資不足や従業員のモチベーション、エンゲージメン**

トの低下が大きな問題です。
前述のギャラップ社の複数の調査においても、日本の「熱意あふれる社員」はわずか６％に過ぎず（23ページ）、東京商工リサーチのデータでは、２０２３年の倒産企業の平均寿命は23・1年（かつては企業30年説が一般的）にまで短くなっています。労働生産性の低下や長時間労働が、従業員の意欲を損ない、企業の成長を阻害しています。

この状況を改善するためには、「キャリア自律」の支援や「柔軟な働き方」の導入が重要です。キャリア自律とは、従業員が自らキャリアを計画し、成長を目指すための仕組みであり、リカレント教育やキャリア開発の機会を提供することが求められるものです。

経営者はこの現状を直視し、「ＥＳＧ」と「人的資本」に基づいた持続可能な職場づくりを進めるべきです。

そして、過去の日本の優れた経営哲学を再評価し、現代の課題に即した人的資本への投資とエンゲージメント向上が、企業の持続的成長を支えるカギとなります。

3 ＥＳＧは「地球に優しい（Ｅ）」と「人に優しい（Ｓ＋Ｇ）」

これまで、「人的資本経営」の基本的な考え方、日本の現状、持続可能な組織づくりについて説明してきました。本節では、同じ「持続可能性」という視点から、世界的に注目される「ＥＳＧ」に焦点を当てます。

すでに「人的資本」開示や「サステナビリティレポート」に関わっている方もいるかもしれませんが、ここでは「ＥＳＧ」と「人的資本経営」の融合を基礎から進めていきます。

ＥＳＧとは

図表２－２の通り、ＥＳＧは従来の財務情報に加え、次の要素も重視する投資や経営の考え方を指します。

- ◆ **Environment（環境）**：気候変動への対応、自然資源の保護、水質汚染防止など
- ◆ **Social（社会）**：労働環境の改善、多様性の推進、人権の尊重、社会的責任など
- ◆ **Governance（ガバナンス）**：企業の透明性、経営の健全性、危機管理対策など

図表2－2　ESG経営と人的資本経営の概要

ESG(SDGs含む) 経営	人的資本経営
全世界的な動き（世界のＯＳ）	日本政府の「骨太方針2022」
気候変動・人権問題が主な発端	人手不足・地位低下が主な発端
世界の認知度はESG＞SDGs	世界の流れは 無形資産＞有形資産
E(環境)・S(社会)・G(ガバナンス)	人材版伊藤レポートの「3Pと5F」
温暖化対策・資源管理・多様性・透明性など	付加価値の向上・働きやすさ×働きがいなど
共通するのは人による「イノベーション」によって「持続可能性」を高めること	

ＥＳＧは、特に年金基金や生命保険会社などの機関投資家を中心に企業の「持続可能性」を示す指標として普及しています。

加えて、**気候変動対策や新たな事業機会の評価指標として、国連の「ＳＤＧｓ（持続可能な開発目標）」とも関連しています。**

SDGsとESGの違い

拙著『経営戦略としてのＳＤＧｓ・ＥＳＧ～〝未来から愛される会社〟になって地域×業界№1を目指す』（合同フォレスト、２０２２年）でも述べた通り、日本ではＳＤＧｓの認知度がＥＳＧよりも高く、学校でも取り組みが盛んです。

しかし、**ビジネスにおける世界基準としてはＥＳＧが主流です。ＳＤＧｓが世界全体での持続可**

能性を実現していくための指標として機能する一方で、ＥＳＧはこれからの投資判断や経営戦略の基盤となります。

ＥＳＧの歴史的背景（図表２―３）

ＥＳＧの起源とされる「社会的責任投資（Socially Responsible Investment：ＳＲＩ）」は、１９２０年代のアメリカにおけるキリスト教教会財団の資産運用から始まりました。

当時は、**倫理的観点から「武器、ギャンブル、たばこ、アルコール」に関連する企業への投資が避けられていました。**

その後、１９６０年代には「ベトナム戦争反対」の運動が高まり、軍需産業への投資が批判されるようになりました。１９８０年代には、南アフリカのアパルトヘイト政策に反対する動きが強まり、同国で活動する企業への投資が抑制されました。

１９９０年代には、オゾン層破壊や二酸化炭素排出に対する関心が高まり、石油・石炭産業への投資が縮小、見直しされました。

こうした動きの中、**２００６年４月に当時の国連事務総長コフィー・アナンが提唱した「責任投資原則（ＰＲＩ）」が生まれました。**ＰＲＩの６つの原則のうち、１〜３には「ＥＳＧ」の文言が明確に組み込まれています。

図表2－3　ＥＳＧを中心とした持続可能性の流れ

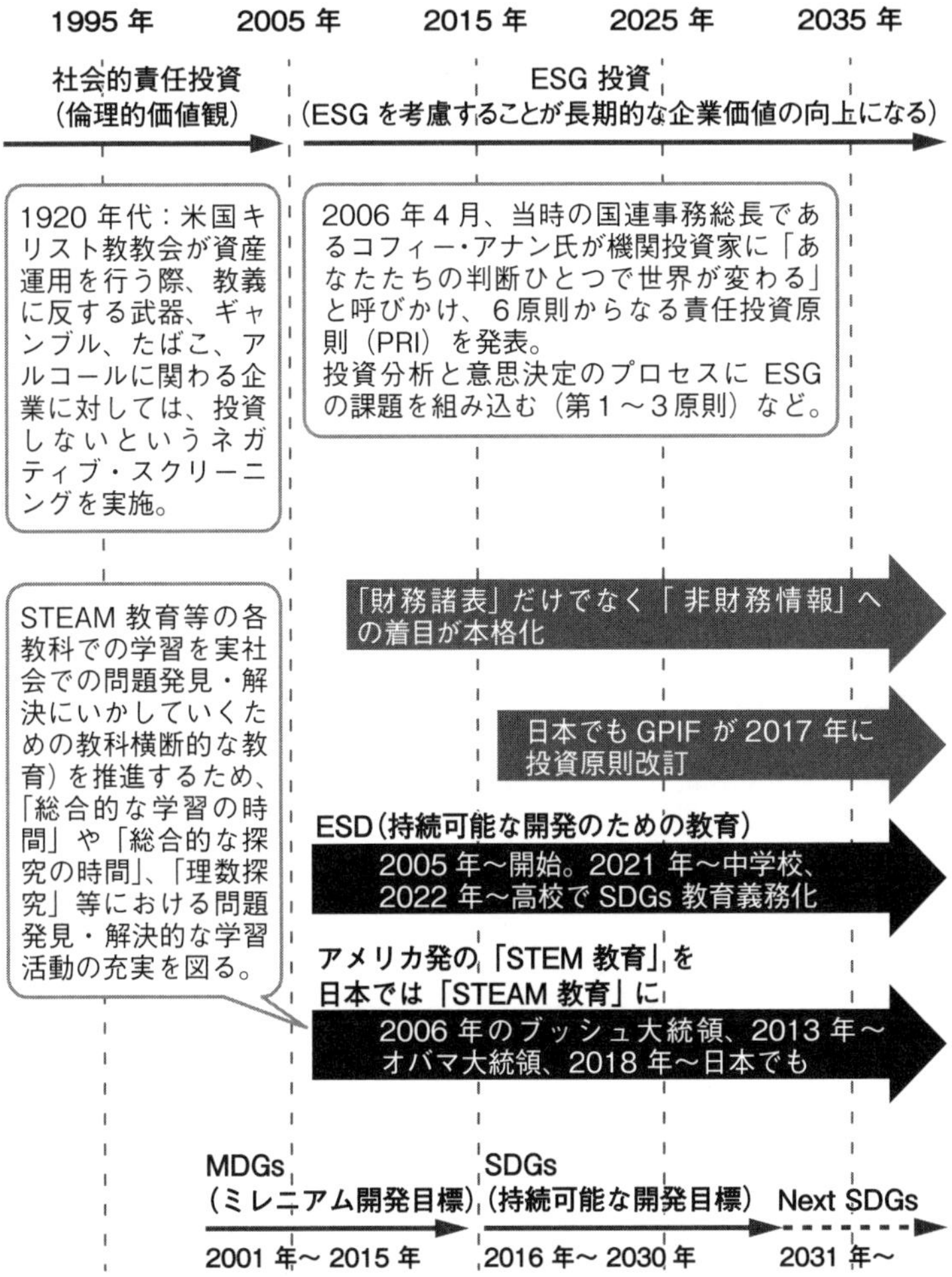
1995 年
2005 年
2015 年
2025 年
2035 年
社会的責任投資
（倫理的価値観）
ESG 投資
（ESG を考慮することが長期的な企業価値の向上になる）
1920 年代：米国キリスト教教会が資産運用を行う際、教義に反する武器、ギャンブル、たばこ、アルコールに関わる企業に対しては、投資しないというネガティブ・スクリーニングを実施。
2006 年 4 月、当時の国連事務総長であるコフィー・アナン氏が機関投資家に「あなたたちの判断ひとつで世界が変わる」と呼びかけ、6 原則からなる責任投資原則（PRI）を発表。
投資分析と意思決定のプロセスに ESG の課題を組み込む（第 1 ～ 3 原則）など。
「財務諸表」だけでなく「非財務情報」への着目が本格化
日本でも GPIF が 2017 年に投資原則改訂
STEAM 教育等の各教科での学習を実社会での問題発見・解決にいかしていくための教科横断的な教育）を推進するため、「総合的な学習の時間」や「総合的な探究の時間」、「理数探究」等における問題発見・解決的な学習活動の充実を図る。
ESD（持続可能な開発のための教育）
2005 年～開始。2021 年～中学校、2022 年～高校で SDGs 教育義務化
アメリカ発の「STEM 教育」を日本では「STEAM 教育」に
2006 年のブッシュ大統領、2013 年～オバマ大統領、2018 年～日本でも
MDGs
（ミレニアム開発目標）
2001 年～ 2015 年
SDGs
（持続可能な開発目標）
2016 年～ 2030 年
Next SDGs
2031 年～

出典：『経営戦略としてのSDGs・ESG～“未来から愛される会社”になって地域×業界No.1を目指す』（白井旬、合同フォレスト、2022年）

ESGと人的資本経営の融合

まさに、「責任投資原則（ＰＲＩ）」をきっかけとして、次ページの図表2－4に示されている通り、**E（環境）、S（社会）、G（ガバナンス）を考慮した経営こそが「長期的な企業価値（付加価値）の向上」や「持続的な〝個人の活躍〟と〝事業の発展〟」につながるという考え方**が、今日に至っています。

ＥＳＧの「Ｓ（社会）」には「人的資本への積極的な投資」「ウェルビーイングの促進」「働きやすさと働きがいの両立」が含まれます。また、「Ｇ（ガバナンス）」には「経営理念の浸透」「長期的経営計画の策定・共有」「適正な報酬設定と納税の遂行」などがあり、これらは人的資本経営と強く結びついています。

簡単に言えば、**「地球に優しいのがE（環境）」、「人に優しいのがS（社会）＋G（ガバナンス）」であり、後者は「人的資本経営」と密接に連動します**。このように、ＥＳＧと人的資本経営の相互作用を活かすことが、持続的な経営のカギとなります。

ＥＳＧを無視した活動では、「未来から愛される会社」とは、なりません。そして、企業の持続的な成長や発展は、地球と人に対する責任を果たせるかどうかにかかっています。

図表2－4　ＥＳＧの代表的な項目

E（環境）	温室効果ガスの排出削減	責任ある原材料の調達	化学物質や廃棄物の管理
	大気汚染や水質汚濁の防止	森林破壊の阻止や森林の保全	海洋プラスチック問題の解決
	水資源枯渇対策と湖水の保全	生物多様性の維持・損失防止	砂漠化や土壌劣化の防止
S（社会）	積極的な人的資本への投資	ウェルビーイングへの取り組み	働きやすさ×働きがいの両立
	誰もが活躍できる職場づくり	児童労働や強制労働の撲滅	持続可能なサプライチェーンマネジメント
	地域社会への支援と良好な関係	製品の安全性と品質の管理	原料や工程の安全性の確保
G（ガバナンス）	経営理念と行動指針の浸透	長期的な経営計画の策定と共有	公正な報酬制度と透明な納税の履行
	情報開示の透明性と健全性	取締役会の独立性と多様性	ステークホルダーとの関係構築
	各種ハラスメントの予防や対策	コンプライアンスとリスク管理	ＢＣＰ－事業継続計画の策定・構築

出典：『経営戦略としてのSDGs・ESG～“未来から愛される会社”になって地域×業界No.1を目指す』（白井旬、合同フォレスト、2022年）

4 ミッション！「7つの役割」で幸せなライフ＆キャリアを描く

前ページの**図表２－４**に示すＥＳＧの具体的な取り組みで、「Ｅ」（環境）は多くの企業が「温室効果ガス削減」や「海洋プラスチック問題の解決」などに取り組んでおり、環境保護活動は広く理解されています。「Ｇ」（ガバナンス）も、ハラスメント対策やコンプライアンスの徹底、リスク管理、ＢＣＰ（事業継続計画）の策定などが求められており、組織の規律や透明性が重視されています。

一方、**「Ｓ」（社会）は、しばしば誤解される分野です。多くの人は「社会貢献活動」として、「こども食堂への寄付」や「ビーチクリーン活動」を連想します。**

しかし、実際には「Ｓ」は、それだけにはとどまりません。**「積極的な人的資本への投資」や「働きやすさと働きがいの両立」「誰もが活躍できる職場づくり」などが重要な焦点であり、いわば〝より良い職場づくり〟です。**企業が社員の多様な役割を支援し、組織内で持続可能な成長や活躍を実現することが、ＥＳＧの「Ｓ」を真に達成するカギとなります。

このギャップを埋め、「Ｓ」を具体的に理解するために役立つのが、**図表２－５**にあるドナルド・Ｅ・スーパーの提唱する「ライフキャリアレインボー」という理論です。

図表2－5　ライフキャリアレインボー

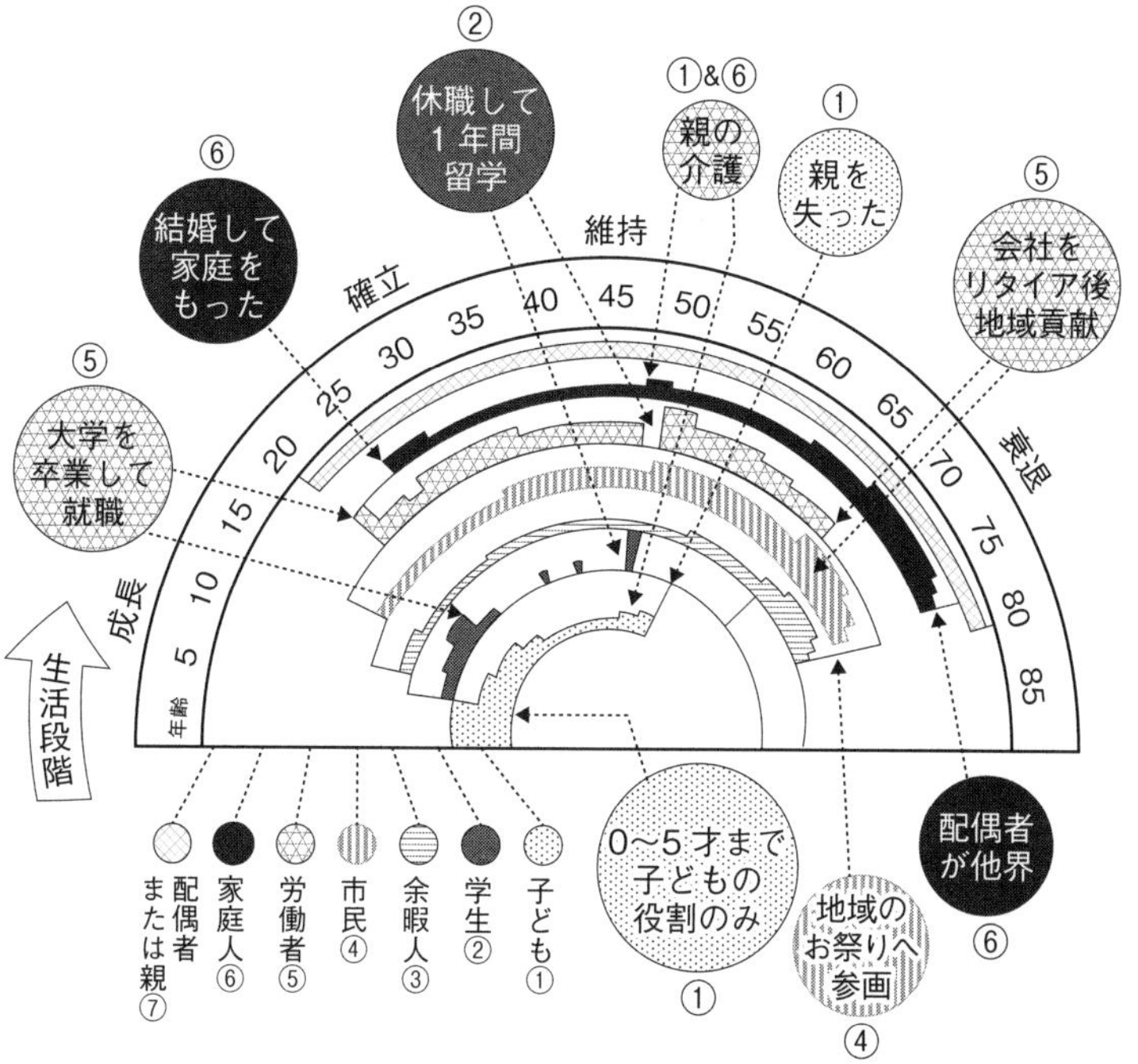

出典：『自分らしいライフキャリアの描き方』（長野知鶴、シゴトの学び舎、2022年）をもとに筆者作成、一部改変

①子ども（Child）、②学生（Student）、③余暇人（Leisurite）、④市民（Citizen）、⑤労働者（Worker）、⑥家庭人（Homemaker）、⑦配偶者（Spouse）または親（Parent）ほか

この理論は、個人が人生の各段階で様々な「社会での役割」を持ち、それらが状況や時期に応じて重なり合うことを示しています。代表的な7つの役割は**図表2-5**の通りです。

例えば、若い時期には「子ども」「学生」としての役割が主ですが、成長とともに「労働者」「家庭人」としての役割が大きくなります。**この多様な役割の重なりを理解することは、社員が企業内外でどのような関わりで、社会に貢献するかを考えるうえで非常に重要です。**

次に、ライフキャリアレインボーとESGの「S」との親和性を、金城未来さん（37歳）と加納ジェームスさん（48歳）の事例で対比して考えます。

❖ 金城未来さん（37歳）

株式会社ちゅら海建設に15年勤務（**労働者**）。6歳の子どもを育てており（**家庭人**）、1級建築士を目指して専門スクールにも通っています（**学生**）。

半年後には2人目の出産を控えており、夫も半年間の育休を取得予定です（**家庭人・労働者**）。3カ月に1度、両親との食事会も開催しており、会計時には「私たちの子どもだから！」とご馳走してもらうこともしばしば（**子ども**）。

金城さんは「労働者」「家庭人」「学生」「子ども」といった複数の役割を同時に果たして

おり、企業の育児・キャリア支援制度（育休や研修支援）を活用することで充実したライフキャリアを築いています。

このような企業の経営戦略＆人事戦略は、ＥＳＧの「Ｓ」における「人的資本への投資」や「働きやすさと働きがいの両立」の好例であり、社会全体の発展にも寄与しています。

❖ 加納ジェームスさん（48歳）

ＥＳグローバルサービス株式会社の技術開発部長（**労働者**）。自身が企画した新サービスがヒットし成功を収める一方、この半年間は土日も出勤が続き、地域の少年サッカーチームのコーチとしての役割（**市民**）が果たせないことを悩んでいます。

また、長年続けているウインドサーフィン（**余暇人**）も楽しむ時間がなく、リフレッシュ不足です。来年には子ども（双子）が大学を卒業し、シングルファーザーとしての役割（**家庭人**）も一区切りを迎えます。妻の死後、子育てを支援してくれた両親には、バリ島旅行をプレゼントする計画をしています（**子ども**）。

加納さんは「労働者」として成功を収める一方で、サッカーのコーチやウインドサーフィン（市民や余暇人としての役割）ができず、ストレス増加やリフレッシュ不足に悩んでいます。

この状態が長く続けば、パフォーマンス低下や休職などへの影響も懸念されます。

今後、企業の積極的な施策の展開などで、加納さんが趣味や地域活動に時間を割けるようになれば、**ライフ＆キャリアが充実し、今日でいう「ウェルビーイング（幸せにある状態）」にもつながります。最終的には企業や社会にも、より良い影響がもたらされるでしょう。**

この2人の事例からわかるのは、企業が社員の多様な「社会での役割」を理解し、適切に支援していくことこそが、ESGの「S」の実現に寄与するということです。

企業が「人的資本への投資」や「働きやすさと働きがいの両立」を重視することで、社員は職場だけでなく、家庭や地域社会でも力を発揮できるようになります。

その結果、企業と社会が相互に発展する持続可能な関係が築かれ、長期的な社会的・経済的効果が期待されます。

ライフキャリアレインボーを活用したアプローチは、ESGの「S」を単なる社会貢献活動にとどめず、社員の多面的な成長を促進させる包括的な経営戦略と人事戦略そのものです。

企業は、社員の会社や仕事における役割だけでなく、家庭や地域における役割も支援することで、充実したライフ＆キャリアを提供し、組織全体の生産性向上にもつながります。

このような取り組みは、単なる福利厚生やCSRの一環ではなく、持続可能な社会形成への戦略的な施策として大きな意味を持ちます。実際、ニッセイアセットマネジメントの「スチュワードシップレポート2020」にもみられるように、ESG評価の高い企業は従業員満足度や社会的評価が高く、競争力の強化や市場での評価向上につながっているのです。

◆従業員満足度が高い企業は離職率が低く、生産・販売のノウハウが蓄積される
◆社会との関係が良好な企業は求職者の人気も高く、優秀な人材を採用しやすい
◆社会的評価の高い企業の製品・サービスはブランド力が高く、価格競争力がある

社員一人ひとりの充実したライフ&キャリアの実現が、個人の活躍と事業の成長、そして社会全体の発展に寄与します。このライフキャリアレインボーの考え方は、実際の企業の取り組みにどのように反映されているのでしょうか。

次節ではESGの「S」の具体的な解決策として、拙書『経営戦略としてのSDG・ESG』で紹介した「ライバル企業との共同配送で長時間労働とCO_2削減」事例を通じて、職場と社会の課題を〝らせん階段式〟に解決する方法を見ていきましょう。

5 「職場の課題」と「社会の課題」を〝らせん階段式〟に解決する

A社は、業務用食材の卸売や仕出し料理の製造・販売を手掛け、ホテルや飲食店を主要な顧客としています。全県的な観光業の好調により売上は順調に伸びていましたが、配送に伴う「残業代」や「ガソリン代」の増加といったコスト面での課題が浮上。長時間労働による従業員の負担も増え、職場環境の改善が急務となっていました。

この状況の中、**経営者から新卒の全従業員（30名）が協議を重ねた結果、入社3年目の若手従業員から「ライバル企業との共同配送」というアイデアが提案されました。**

同地域には、展開地域が南部中心のA社。中部中心のB社、北部中心のC社といった同業他社があり、3社は社長同士で以前から情報交換を行っていたため、配送に関する長時間労働やコスト増が共通の課題であると認識していました。

そこで、3社が連携し、配送エリアを分担する「共同配送」システムを導入することになりました。共同配送では、配送エリアを3社で分担することで近距離配送を増やし、長時間労働やガソリン代の削減といった課題を大幅に改善。各社の配送回数をまとめることで、業務効率も向上しました。この効果は業務効率化にとどまらず、配送時のCO_2排出量削減という環境問題の解決にも貢献しました。

この結果を踏まえて3社→5社→10社と少しずつネットワークを広げ、業界全体の課題解決へと発展させる〝らせん階段式〟のアプローチが実現しました。

さらに、この取り組みにより、従業員の意識も変化しました。自社だけでなく業界全体にとって有益な解決策を見つけ出し、実践しているという自覚が生まれ、職場内の士気が高まり、組織全体の活性化につながったのです。

この事例は、社内の取り組みが組織を活性化させ、さらに社会にも広がり大きな影響を与える連続性の有効度を示しています。この**「職場の課題」と「社会の課題」を〝らせん階段式アプローチ〟で解決し続けていくこと**こそが、企業の持続的な成長を推進し、真のサステナビリティ経営を実現する原動力となります。

次節では、日本企業が「社内のESG＋人的資本の強化」と「社外でのSDGs発信」をどのように両立していくかを見ていきましょう。

6 社内は〝ESG＋人的資本〟で推進、社外は〝SDGs〟で発信

これまで、日本企業における、持続可能性（サステナビリティ）の推進はSDGsが中心でした。その中で、特に参考にされているのが、2016年にGRI、国連グローバル・コンパクト、世界経済人会議が共同で作成した「SDGsコンパス」です。このガイドでは、「ステップ3：目標を設定する」で、企業が外部から世界全体の課題を分析し、そのギャップを埋めるために目標を設定する「アウトサイド・イン・アプローチ」が推奨されています。

しかし、このアプローチを採用する際、**「グローバル」や「地球規模」といった視点に囚われ、地域や社内での具体的な行動が見えにくくなるという課題が指摘されています。**

そこで提案したいのが、**図表2－6**に示した「内側から外側への〝不の解消〟」というアプローチです。この方法は、まず社内からサステナビリティを強化し、そこから社会や環境へと広げていく段階的なアプローチであり、前節で述べた「職場の課題」と「社会の課題」を〝らせん階段式〟に解決することにも共通します。

図表2－6　内側から外側へ（人的資本経営で社内外の“不の解消”）

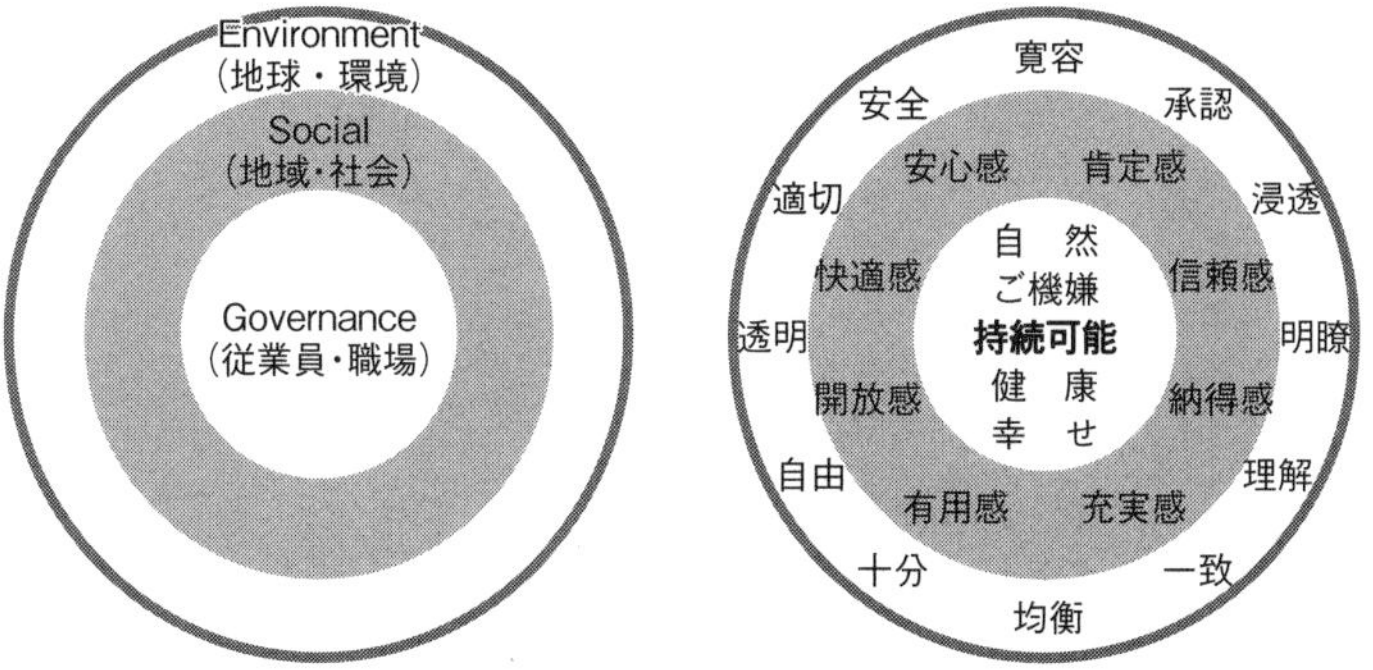

従業員・職場 → 地域・社会 → 地域・環境で「不の解消」を

ステップ1　ガバナンス（G）の整備

最初に取り組むべきは、「G（ガバナンス）」＝企業と従業員の組織体制の整備です。ガバナンスは、企業の意思決定や持続可能な成長を支える基本的な枠組みです。しっかりとした組織体制が整えば、次のステップへ進むための確固たる基盤が築かれます。

ステップ2　社会（S）と人的資本

次に、「S（社会）」＝従業員の「働きやすさ×働きがい」や「地域社会への貢献」を強化します。**ここで重要なのは、従業員（人的資本）がESGの「S（社会）」の基盤であることです。**従業員の働きやすさと働きがいが向上すれば、個人の成長が促進され、最終的には企業の持続可能な発展や地域社会への貢献につながります。

従業員が活躍すれば、その影響は社内だけにとどまらず、地域社会や地球環境にも好影響を与えます。これにより、**個人のライフ&キャリアデザインが実現し、同時に事業の発展も進みます。これが、ESG全体の推進力にもなります。**

ステップ3　環境（E）への対応

次に、「E（環境）」＝地球環境に対する取り組みを進める段階に進みます。これは、企業の成長とともに、外部への貢献を広げていくプロセスです。環境保全の観点からも、この取り組みは企業の持続可能性にとって不可欠です。

ステップ4　「S（社会）」と「G（ガバナンス）」と「人的資本」の連携

特に、「S（社会）」と「G（ガバナンス）」は、人的資本経営と密接に関連しています。従業員が企業の中核で活躍することで、内側からの「不の解消」が外部の「社会課題の解決」と連動する仕組みがつくられます。人的資本経営に積極的に取り組むことと、ESGの「S（社会）」と「G（ガバナンス）」の推進は車の両輪と言っても過言ではありません。

ステップ5 社内は「ESG＋人的資本」で推進！ 社外は「SDGs」で発信！

現在の日本では、「サステナビリティ」という言葉の認知度は、ESGや人的資本よりもSDGsのほうが圧倒的に高い状態にあります。

したがって、**社内では「ESG＋人的資本」を推進し、社外に発信する際には「SDGs」を活用するフレームワークが効果的です。**

例えば、「S（社会）」における「誰もが活躍できる職場づくり」として、以下の具体的な取り組みがあれば、それはSDGsの目標5（ジェンダー平等）、目標8（働きがいも経済成長も）、目標10（不平等の解消）に関連します。

◆個々の特性や障がい、家庭環境や健康状態に応じて仕事や職場環境を提供する
◆性別、年齢、国籍、信仰に関係なく、全員がキャリア自律を支援される職場をつくる

なお、2023年にデライトコンサルティング社と共同で、「SDGs・ESG経営カード」を開発しました。このカードでは、「三方よし」や「論語と算盤」など、サステナビリティに関する8つの用語やSDGsの17の目標を解説し、カードを活用したワークを通じて、社内でサステナビリティを推進する方法をお伝えしています。

さらに、ＥＳＧ（環境・社会・ガバナンス）については、Ｅ×９項目、Ｓ×９項目、Ｇ×９項目の合計27枚で表現しました。カードには、「ＥＳＧ各項目↓ＳＤＧｓ各目標への翻訳」も含まれており、**企業での活用だけでなく、東京ＹＭＣＡ国際ホテル専門学校など、各種専門学校や大学で教材としても採用されています。**

今回、その内容を再編集し、本章の終わりに「付録：ＥＳＧ各項目↓ＳＤＧｓ各目標への翻訳ガイド」として掲載を予定していましたが、30ページに及ぶ長編となったため、紙幅の都合上、泣く泣く断念しました。

そこで、次ページ以降に一部（ＥＳＧ、２項目ずつ）を抜粋して記載します。ご一読いただき、「これは便利！」「ぜひ当社でも活用してみたい！」と思われた方は、巻末の「読者特典」ＱＲコード↓ＨＰの［お知らせ・新着情報］―【読者特典】の「全ワークシートプレゼント」に記載の手順でＳＮＳに本書の感想をアップしていただき、本書掲載の「全ワークシート」の「ＥＳＧ⬇ＳＤＧｓ翻訳ガイド」をダウンロードのうえご活用ください。

「ＥＳＧ⬇ＳＤＧｓ翻訳ガイド」は、ワード形式で「ＥＳＧの主要27項目」の内容が掲載されています。なお、「ＳＤＧｓ・ＥＳＧ経営カード」もご購入いただければ、とてもうれしく思います！

「ESG各項目→SDGs各目標への翻訳ガイド」（抜粋）

〈E－01〉温室効果ガスの排出削減

日本は２０３０年までに温室効果ガスを２０１３年比で46％削減し、50％削減を目指すと表明しています。**２０５０年にはカーボンニュートラル達成を目標としており、これは排出量と吸収量を同じにして実質的な排出をゼロにすることです**（参考：「地球温暖化対策計画」（２０２１年10月22日閣議決定／環境省）。

《具体的な実践事例》

・太陽光、風力、バイオマスなどの再生可能エネルギーを活用する。
・環境負荷の少ない移動手段や効率的な機器・システムを導入する。
・節電や節水、クールビズ・ウォームビズなど、省エネ活動を推進する。

◉ＳＤＧｓの17の目標のうち、特に「〈目標7〉エネルギーをみんなに そしてクリーンに」「〈目標12〉つくる責任 つかう責任」「〈目標13〉気候変動に具体的な対策を」に関連します。

〈Ｅ－02〉責任ある原材料の調達

責任ある原材料調達は、環境への**配慮や人権問題に対応するため、重要性が高まっています。**資源確保や地球温暖化防止、生物多様性保全に加え、児童労働や強制労働などの人権問題にも取り組む必要があります（参考：「責任あるサプライチェーンにおける人権尊重のためのガイドライン」（２０２２年9月13日／経済産業省）。

《具体的な実践事例》

・資源保護や環境保全、そして安全や人権に配慮した購買取引を行う。

・ＲＳＰＯ（持続可能なパーム油）やＦＳＣ（森林管理認証）等の国際認証を基準とする。

・武装勢力への関与や不当労働行為への加担を未然に防ぐ。

◉ＳＤＧｓの17の目標のうち、特に、「〈目標10〉人や国の不平等をなくそう」「〈目標12〉つくる責任 つかう責任」「〈目標15〉陸の豊かさも守ろう」に関連します。

〈Ｓ－01〉積極的な人的資本への投資

積極的な人的資本への投資が注目されており、２０１８年にはＩＳＯ３０４１４が世界初のガイドラインとして公開されました。日本でも、経済産業省が２０２２年に「人材版伊藤レポート2・0」を発表し、取り組みが加速しています（参考：「用語解説—経営—人的資本［Human capital］」野村総合研究所）。

《具体的な実践事例》

・人を単なる〝コスト〟ではなく、価値を生み出す〝源泉〟として捉える。

・従業員の能力開発やリカレント教育（学び直し）の機会を提供する。

・対話を通じて従業員の自律的なキャリアデザインを支援する。

◉SDGsのうち、特に「〔目標4〕質の高い教育をみんなに」「〔目標8〕働きがいも経済成長も」「〔目標10〕人や国の不平等をなくそう」に関連します。

〈S－02〉ウェルビーイングへの取り組み

近年、ウェルビーイングを取り入れる企業が増えており、従業員の扱いが経営の重要な要素となっています。2022年度の「世界幸福度ランキング」で日本は54位に上昇しましたが、依然として先進国中最下位です（参考：「日本のウェルビーイングのとらえ方（2022年6月3日付）」Forbes JAPAN）

《具体的な実践事例》

・従業員が身体的・精神的・社会的に満たされる状態を構築する。

・労働環境において長時間労働の是正や柔軟な働き方を促進する。

・自身の健康状態をいつでも把握して改善できるように支援する。

◉SDGsのうち、特に、「〈目標3〉すべての人に健康と福祉を」「〈目標4〉質の高い教育をみんなに」「〈目標8〉働きがいも経済成長も」に関連します。

〈G－01〉経営理念と行動指針の浸透

経営理念は企業活動の基本方針を示すもので、創業者が策定することが多いものです。会社によって、ミッションやビジョンと呼ばれることもありますが、**近年はSDGs・ESGの観点からパーパス（目的）も重視されています。どの場合も、社内外への浸透が課題です**（参考：日本の人事部「人事辞典 HRペディア＞経営戦略＞経営理念」）。

《具体的な実践事例》

・経営～事業～人事戦略を〝見える化・言える化・魅せる化〟する。

・経営理念の意味するところやそのあるべき姿について対話する。

・行動指針に基づく実践での具体的な成功や失敗事例を共有する。

◉ＳＤＧｓのうち、特に、「〈目標４〉質の高い教育をみんなに」「〈目標８〉働きがいも経済成長も」「〈目標16〉平和と公正をすべての人に」に関連します。

〈G－01〉長期的な経営計画の策定と共有

経営計画は、将来の目標に到達するための具体的な道筋を示すものです。**市場動向を踏まえ、経営者の理想をもとに「将来どのような企業を目指すか」を明確にし、社員が参画して策定することが理想的です**（参考：「経営計画策定支援 スライド」中小企業庁）。

《具体的な実践事例》

・10年先を展望して3〜5年後の経営計画を社員参画で策定する。
・策定する経営計画の中にＥＳＧに関する項目を設けて実践する。
・社員や取引先・金融機関が参加する経営計画発表会を実施する。

◉ＳＤＧｓのうち、特に、「〈目標８〉働きがいも経済成長も」「〈目標12〉つくる責任つかう責任」「〈目標17〉パートナーシップで目標を達成しよう」に関連します。

7 少子化を「ESG思考」で乗り越える〝自動車学校〟

自動車学校業界は、少子化や若者の車離れ、コロナ禍の影響など、経営環境の大きな変化に直面しています。**1990年代初頭には年間約240万人が全国の自動車学校に入学していましたが、2020年には110万人にまで減少。**警察庁のデータによれば、指定自動車教習所の数も2012年の1358校から2022年には1295校に減少しています。

こうした厳しい状況に対し、ESG（環境・社会・ガバナンス）の観点から新たな事業に挑戦し、持続可能性を高めている事例として注目されるのが、熊本県の株式会社くまもとKDSグループ（代表取締役 永田佳子）の取り組みです。

従来の自動車学校運営に加え、フォークリフトやクレーン等の資格取得支援を行うKDS技能講習トレーニングセンターや、ドローンスクール、プログラミング教室を展開。さらに、福祉事業所KDSネクストカレッジなど、多様な教育機会・学びの場を提供しています。

この取り組みのおかげで、熊本県の自動車学校業界全体の入校者数が減少する中、同グループの業績は自動車学校の運営だけだった2014年度対比で、売上が40％増加しています。

S（社会）：多国籍な人材採用と多言語対応

2018年から外国籍人材の採用を積極的に進め、現在ではベトナムやミャンマー、ネパールなどからのスタッフが在籍。教習や講習は8カ国語対応、全国各地から生徒が集まります。2019年から2024年9月までに37の国と地域出身の外国籍教習生が710名卒業し、少子化による国内生徒の減少を補っています。**外国籍スタッフも日本人と同条件で雇用され、産休・育休制度も整備されるなど、働きやすい環境が整えられています。**

S（社会）：健康経営への取り組み

永田社長が社長就任した2009年から数年のうちに、2名の従業員が生活習慣病を起因とする病気で亡くなったことを契機に「健康経営」が始まりました。

健康診断後の再検査を無視する慣習や、生活習慣病に対する理解不足が問題となっていたため、社食のメニュー改善や禁煙推進、生活習慣病予防を強化しました。その結果2016年以降、同グループは経済産業省の「健康経営優良法人」に8年連続で認定されています。

G（ガバナンス）：リーダーシップと経営理念

くまもとKDSグループが、時代に先駆けてESG施策を展開できた背景には、永田佳子社長のリーダーシップがあります。広告代理店でのキャリアや14年の専業主婦経験を経て2009年に家業を継承。以来、**経営理念「いのちをまもる自動車学校」の実現に向けた組織体制を築いてきました。**それと同時に、社長のリーダーシップに頼るだけでなく、社員や地域社会との連携を強化してきました。

2022年から、私たちが伴走支援しつつ、本格的に「人的資本経営とESG」に取り組むこととなった際、経営理念と連動する「三本の柱（安全・交流・環境）」が、これまで、数多くの社会課題や経営課題の解決に効果的に機能していることを確認しました。

- ◆ **Safety（安全）**：地域の交通安全教育センターとしての役割
- ◆ **Communication（交流）**：人間力を高める心の通った交流
- ◆ **Ecology（環境）**：地球環境への配慮（自動車がメインだからこそ）

そこで、**図表2－7**にあるように、**ECS（環境・交流・安全）のそれぞれの項目をESG（環境・社会・ガバナンス）と連動させ、さらなる新しい展開を進めています。**

図表2－7　経営理念の３本柱→ＥＳＧへの拡大展開

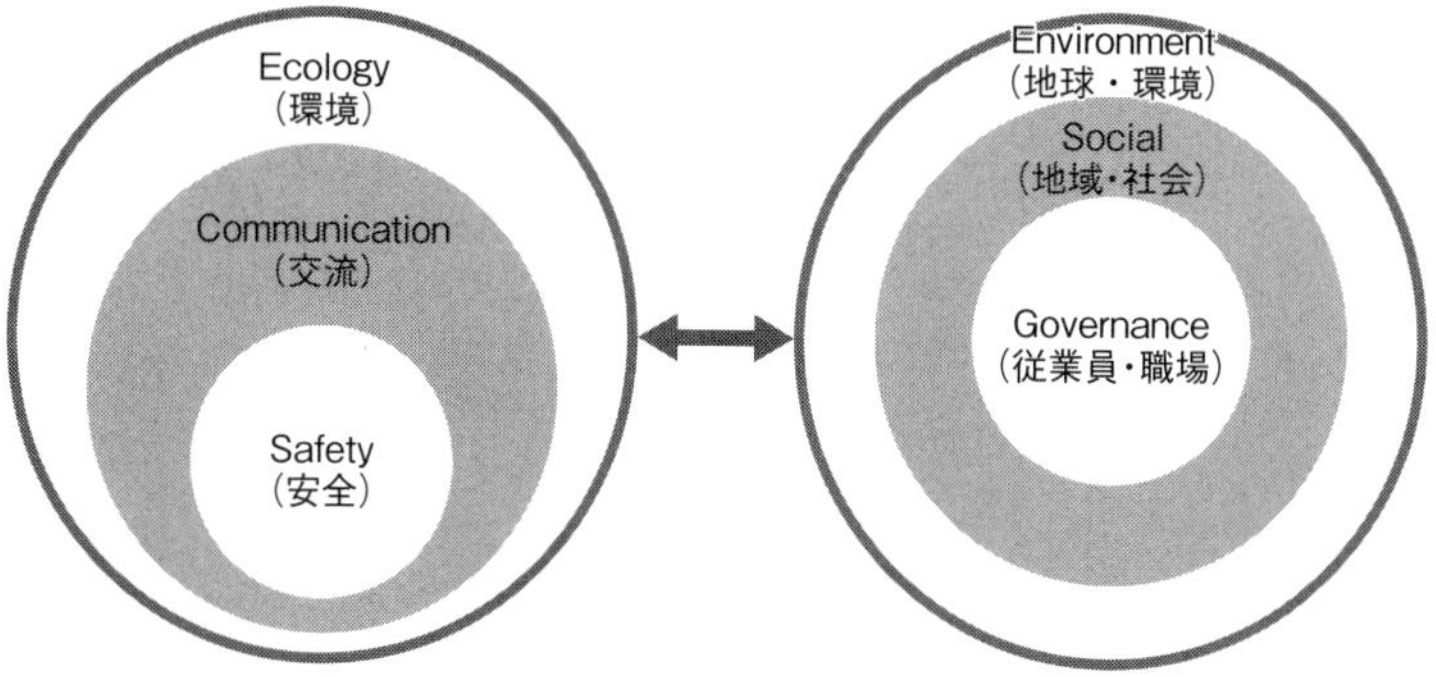

さらに、社員が安心して働ける環境を整えるため、ハラスメント対策にも積極的に取り組んでいます。

かつて、業界全体として、教官による教習生への厳しい指導が問題視されることもありましたが、同校では、「ほめちぎる教習所」という教育方針も導入し、教習生の成長を積極的に称賛することで、ポジティブな学習環境を提供しています。

２０２４年10月からは**「ハラスメント予防」と「キャリア自律」を促進するプログラムを導入。その時間を「共有と教養」の時間として設定し、**従業員が自由に意見交換を行ったり、上司と部下との「１on１ミーティング」などを実施しています。

まさに、ＥＳＧの「内側から外側への〝不の解消〟」、ガバナンスの強化と職場環境の改善を両立させる仕組みです。

S（社会）：運送業界の人手不足を解消する資格取得支援

KDS技能講習トレーニングセンターの設立は、「社会課題と経営課題の両立」や「人的資本経営とESG」の好例です。もともと自動車教習所で大型免許を扱っていましたが、**運送会社の経営者から「人手不足が深刻で、大型免許に加え、フォークリフトやけん引車の資格が取れると一人三役で生産性が上がって助かる」との要望がありました。**

そこで、自動車教習所では対応が難しい資格講習を新事業として展開し、スタッフの新技能取得に先行投資をして設立。運送業界の人手不足解消に貢献するとともに、自社スタッフの技能向上や新たな事業の柱としても期待されています。

S（社会）：自動車学校業界〝初〟の障害福祉サービス事業

全国の自動車学校〝初の試み〟として、発達障害やグレーゾーンの方々を支援する「KDSコミュニティカレッジ」は特筆すべき取り組みです。

2018年から運営を開始した「つばさプラン」は、運転免許取得に不安を抱える方々を対象としています（「運転免許つばさプラン」は鹿沼自動車教習所の登録商標です）。

しかし、免許を取得した後に社会参加が実現しないケースも見られました。実際、免許取得後に再び、ひきこもりに戻る方もいます。このため、「免許を取るだけでは社会参加につながらない」との認識から、2021年8月に就労支援やソーシャルスキルトレーニングを行う事業「KDSネクストカレッジ」を立ち上げました。

これにより、**個人や社会が抱える課題に対して、最初のステップとして「免許取得支援」を行い、次なるステップとして「就労支援・社会参加支援」を提供することで、総合的にサポートできる体制となりました。**この革新的な事業モデルは、「第12回プラチナ大賞」において認められ、「インクルーシブ賞」を受賞するに至っています。

永田社長やスタッフの皆さまは、「多くの社会関係資本に支えられて、障がい者の皆さまを社会に送り出すことができている」と述べています。

E（環境）：環境に配慮した取り組み

同グループでは、E（環境）に配慮した取り組みも盛んです。例えば、屋根には、大容量の太陽光パネルを設置し、校内で使用する電力を賄うことができています。その他にも、全教習車に、環境・経済性・安全性に優れたLPガス車やEV車を導入し、バイオディーゼル燃料へのリサイクル活動の一環として廃食油の回収も行っています。

2023年には、運転診断ができるAI搭載教習車を導入。AI搭載教習車の体験を通して、ご自身の運転のクセや状態をつかんでいただき、安全運転教習はもちろん、高齢者の安全運転や運転寿命の延伸を支援しています。こうした取り組みは、地域交通の安全向上にも貢献しています。

このように、くまもとKDSグループは、経営環境の厳しい変化に対し、「人的資本経営とESG思考」を融合させた取り組み（図表2－8）で、新たな事業展開の道を切り拓いています。

人材の多様性や健康経営、障がい者支援などの「人的資本」への投資は、事業発展に不可欠な基盤であり、従業員一人ひとりの成長が持続可能な未来を支える力になっています。

今後、くまもとKDSグループは、地域社会との強固な連携をさらに深め、**人的資本の最大化と環境・社会・ガバナンスに配慮した事業運営を通じて、次世代に向けたビジネスモデルである「教育サービスで社会課題の解決」を創造し続けるでしょう。**

ESG思考は単なる利益追求の枠を超え、社会全体の未来を形づくる力を持っています。そして、その中心にあるのが、人的資本への投資です。「人を大切にする経営」「社員を主語にする経営」こそが、未来を切り拓くカギとなるのです。

図表2－8　くまもとＫＤＳグループの取り組み（一部抜粋）

ＫＤＳ３本柱の環境（Ecology）↔ＥＳＧの環境（Environment）

- 社屋の屋根に36.48KW容量の太陽光パネル設置
- ＦＳＣ認証マークのコピー用紙　• 全館ＬＥＤ照明への変更など
- 環境負荷の少なハイブリット教習車の導入
- CO_2排出13%削減効果のＬＰガス教習車＆送迎バス
- 社屋におけるグリーンカーテンの実施　など

ＫＤＳ３本柱の交流（Communication）↔ＥＳＧの社会（Social）

- 健康経営への取り組み　• 敷地内全面禁煙
- 各種資格取得の支援制度　• 企業向け出張「安全講話」
- つばさプランの運営（全国で20校程度が取り組む）
- 障害福祉サービス事業の運営　• 外国籍社員の雇用と多言語化対応
- 運転寿命延伸の取り組み・研究（大学・病院と連携）
- 交通公園「さん！さん！さん！Ｋらんど」の運営　など

ＫＤＳ３本柱の安全（Safety）↔ＥＳＧのガバナンス（Governance）

- 創立記念式典などでの経営理念＆事業計画共有
- 毎月１回の各種事例共有＆勉強会　• ＢＣＰ（事業継続計画）の策定
- 各種ハラスメント対策（年２回の研修会ほか）
- 組織の持続可能性や経営体制の強化を目的とした月１回の幹部＆次世代リーダー研修　など

8
ワーク
〔仮想企業〕SDホームの取り組みを"ESG"で可視化・言語化

第2章では、「ESGと人的資本経営」の関係性について説明をしました。ESGの「地球に優しいE（環境）」×「人に優しいS（社会）とG（ガバナンス）」を通じ、人的資本経営を強化するものです。

ここでは、仮想企業「SDホーム株式会社」の事例を、ESG思考で分類するワークを行います。**このワークは、「人的資本経営とESG思考」の関係性を理解できるようになっています。多くの企業で実施され、効果が出ていますので、ぜひ体験してください。**

ワークの進め方

ステップ1 仮想企業「SDホーム株式会社」のESGに関連する具体的な事例が提示されています。まずは、事例を読み進めてください。事例の途中で、気になる箇所は、赤ペンやマーカーでチェックを入れてもよいでしょう。

〔仮想企業〕SDホーム株式会社のESG事例

SDホーム株式会社は、1934年創業で、現在90年を迎えます。5代目社長・垣内正則氏のリーダーシップで、15年で売上が63億円から132億円に倍増しました。従業員数は155名、男女比6：4（管理職8：2）。ウェルビーイングやワークライフバランスを強化し、ESG経営へのシフトを進めています。

同社の特徴は、設計士が営業を兼任する点です。特に女性設計士の注文住宅は好評で、受注が増加しています。2019年からは「誰ひとり取り残さない家」をテーマに、発達障害のお子さんを持つ家族向けの住宅設計も行っています。

現在、新築物件の64％がZEH（ネット・ゼロ・エネルギーハウス：エネルギー収支をほぼゼロ以下にする家）で、2028年には85％を目標としています。また、ZEB（B＝Building）仕様の本社社屋建設や、ビオトープ整備も進行中です。加えて、これまでの産業廃棄物を多く出す消費型の建築スタイルから、設計・施工・解体・廃棄物処理に至るまでをサーキュラデザインする考え方を取り入れています。

その一方で、急速な事業拡大に伴い、長時間労働や従業員の生活習慣病増加などの課題が浮上しています。女性管理職登用も進めていますが、従業員からは「理想のロールモデルがいない」という声が漏れ聞こえてきます。若手従業員の間でも仕事と家庭の両立に対する不安が広がっています。

２０２０年からウェルビーイングとワークライフバランスに注力しているものの、まだ具体的な改善には至っていません。そこで、創業90周年を機に、「人的資本経営とＥＳＧ思考」を基盤としたプロジェクトを立ち上げ、２０２５年に経営理念を刷新し、２０２６年には企業内保育園を開設予定です。

ステップ２　95ページの**図表２－９**「（仮想企業）ＳＤホーム株式会社の取り組み内容」を横に置き、次の「ＥＳＧ４つの視点」を意識しながら、再度、事例を読みこんだら、ＳＤホームのＥＳＧの取り組み内容を４つ（◎、○、◇、□）に分類してください。

ＥＳＧの４つの視点

◎：本業として積極的に取り組んでいる（数値目標や状態目標がある）
○：今後は経営との一体化を目指したい（本業での取り組み強化へ）
◇：社会貢献活動として取り組んでいる（ボランティア的な要素が強い）

□：取り組みが不十分、または効果が出ていない
＊文中で判断できない内容（記載がない）ものについては、空欄としてください。

《例1》「施行する新築物件のうち64％がZEH。これは経済産業省が2020年に発表したハウスメーカーのZEH比率（56％）を上回り、2028年には85％を目標としています。」▼分類：◎（E－1）温室効果ガスの排出削減　に本業で積極的に取り組んでいる

《例2》「2020年からウェルビーイングやワークライフバランスに注力してきましたが、具体的な改善にはまだ至っていません。」▼分類：□（S－2）ウェルビーイングへの取り組み　は効果が出ていない。

実際に、（仮想企業）SDホーム株式会社の現状の取り組みを、「ESG27項目×4つの視点」で分類すると、次のようなことが挙げられます。

〈E－01〉温室効果ガスの排出削減　――◎：新築物件の64％がZEHで、2028年には85％を目標としています。これは積極的な数値目標を持った取り組みです。

〈E－03〉化学物質や廃棄物の管理――◎：サーキュラーデザインの採用や産業廃棄物削減に取り組んでいるため、積極的な取り組みといえます。

〈E－08〉生物多様性の維持・損失防止――◎：ビオトープ整備を進行しており、生物多様性保全に向けた具体的な行動をしています。

〈S－01〉積極的な人的資本への投資――○：ウェルビーイングやワークライフバランスに注力し、従業員の労働環境改善に取り組んでいるが、まだ具体的な改善には至っていないため、今後の強化が求められます。

〈S－02〉ウェルビーイングへの取り組み――□：従業員の不満（長時間労働や管理職の登用問題）があり、現状の取り組みは不十分と評価されます。

〈S－04〉誰もが活躍できる職場づくり――□：女性管理職の登用を進めているが、理想のロールモデルがいないという課題が残っています。今後の対策強化が必要です。

図表2－9　〔仮想企業〕SDホーム株式会社の取り組み内容（◎、○、◇、□で分類）

E-01 温室効果ガスの排出削減		S-06 持続可能なサプライチェーンマネジメント	
E-02 責任ある原材料の調達		S-07 地域社会への支援と良好な関係	
E-03 化学物質や廃棄物の管理		S-08 製品の安全性と品質の管理	
E-04 大気汚染や水質汚濁の防止		S-09 原料や工程の安全性の確保	
E-05 森林破壊の阻止や森林の保全		G-01 経営理念と行動指針の浸透	
E-06 海洋プラスチック問題の解決		G-02 長期的な経営計画の策定と共有	
E-07 水資源枯渇対策と湖水の保全		G-03 公正な報酬制度と透明な納税の履行	
E-08 生物多様性の維持・損失防止		G-04 情報開示の透明性と健全性	
E-09 砂漠化や土壌劣化の防止		G-05 取締役会の独立性と多様性	
S-01 積極的な人的資本への投資		G-06 ステークホルダーとの関係構築	
S-02 ウェルビーイングへの取り組み		G-07 各種ハラスメントの予防や対策	
S-03 働きやすさ×働きがいの両立		G-08 コンプライアンスとリスク管理	
S-04 誰もが活躍できる職場づくり		G-09 ＢＣＰ-事業継続計画の策定・構築	
S-05 児童労働や強制労働の撲滅			

〈S―07〉地域社会への支援と良好な関係 ――◇：ビオトープ整備や企業内保育園の設置など、地域社会への支援も含まれているため、社会貢献活動として分類されます。

〈G―01〉経営理念と行動指針の浸透 ――○：2025年に経営理念を刷新し、それを従業員と共有するための取り組みが進行中です。今後の強化が期待されます。

〈G―02〉長期的な経営計画の策定と共有 ――◎：ESG経営と人的資本経営を基盤にしたプロジェクトを立ち上げ、具体的な計画が進行中のため、まだ、具体的な効果は出ていないものの、積極的な取り組みと評価されます。

このように、「SDホーム株式会社」の事例をESGの27項目に基づき4つの視点で分類することで、取り組みが客観的に可視化され、強化すべき点が明確になります。

「SDホーム」では、E（環境）分野では積極的な取り組みが進んでいますが、S（社会）やG（ガバナンス）分野では、まだ整備が不十分な部分や改善が必要な課題が残っています。従業員の長時間労働や健康問題、若手社員や女性社員のキャリア形成に対する不安が目立ち、こうした課題に早急に対応することが、今後の持続可能な成長にとって重要です。

実際、多くの企業ではE（環境）への取り組みが先行する一方で、S（社会）やG（ガバナンス）の分野が遅れがちです。特に、長時間労働はハラスメントのリスクを高め、職場の健全性を損なう恐れがあります。

SDホームも、ハラスメント対策やBCP（事業継続計画）の導入といった、より包括的なガバナンス強化の施策が求められるでしょう。

今後、ESG全体のバランスを意識し、特にS（社会）やG（ガバナンス）分野の取り組み強化が、SDホームが目指す「100年企業」に向けた持続可能な成長を実現するためのカギとなります。

このように「人的資本経営とESG思考」の相乗効果を通じて、企業価値をさらに高めると同時に、従業員や社会にとっても持続可能な未来を築くことが期待されます。

9 ワーク 「ライフ&キャリア―グランド・デザイン」シートで可視化・言語化

『経営戦略としてのＳＤＧｓ・ＥＳＧ』を出版した２０２２年当時、サステナビリティ分野では「自分ゴト化（当事者意識）」が大きなテーマとなっていました。

ＳＤＧｓの17の目標には「地球環境」や「貧困撲滅」などの大きな課題が多く、これを「自分にはどうしようもない」と感じる人が多かったため、当事者意識の重要性が議論されていました。

これはＳＤＧｓに限らず、仕事でも同様です。**企業における「自分ゴト化」とは、「従業員一人ひとりが顧客や社会の課題を自分事として捉え、積極的に取り組むこと」を指し、モチベーションや生産性、チームワークの向上などに影響するとされます。**

しかし、顧客や社会の課題を自分事として捉えるのは難しいと感じる人も多いのです。例えば、「お客様の課題を解決したい」と考えている人は多い一方で、会社の大きな目標と目の前の仕事が完全に一致していると感じる人は少ないかもしれません。

ライフキャリアレインボーとの関連

64ページで触れた、「ライフキャリアレインボー」は、人生の異なる役割を7つの側面で表し、全体としての調和を図るための理論で、「ライフ＆キャリアデザイン」と密接に関わります。

ライフキャリアレインボーが示すように、人生は複数の役割から成り立っており、仕事だけが人生のすべてではありません。

そこで、お勧めするのが「ライフ＆キャリア―グランド・デザイン」シート（103ページ、**図表2−11**）のワークです。熊本トヨタ自動車や、くまもとKDSドライビングスクールなど全国100社以上で導入され、幅広い層がその効果を実感しています。

このシートは、日々の仕事と生活の調整に焦点を当てた「ワークライフバランス」とは異なる性格のものです。仕事の労働時間短縮など短期的な調整ではなく、人生全体を長期的に見据えて調和を図る「ライフ＆キャリアデザイン」を重視します。

ワークライフバランスは「今日のバランス」を取ることが目的ですが、**ライフ＆キャリアデザインは、家族、健康、趣味、自己成長など、仕事以外の側面も含めて将来の自分をデザインするものです。**

この「ライフキャリアレインボー」の考え方を活かすことにより、個人の活躍と事業の発展を両輪で回す「人的資本経営」に、より近づくことができます。

ライフとキャリアの統合

基本的な考え方として、**図表2－10**に示すように、ライフ（人生）とキャリア（仕事）を分けて考えるのではなく、以下の3つの点を意識することが重要です。

1 「ライフ（人生）」の中に「キャリア（仕事）」が〝内包（ライフの一部）〟される。
2 「ライフ（人生）」を充実させる〝手段〟の一つが「キャリア（仕事）」である。
3 「ライフ（人生）」と「キャリア（仕事）」の比率は、ライフステージで変わる。

企業としては、各ライフステージに応じた支援が必要です。例えば、若手社員にはキャリアの早期段階における様々な成長の機会を提供し、、子育て世代には柔軟な働き方を支援。役職定年を迎える社員には新たなキャリアパスを提示するなど、(A)(B)(C)**それぞれのライフステージで活躍できる（ライフとキャリアの望ましいデザイン）支援体制を整えることが求められます。**

図表2－10　ライフ＆キャリアデザイン

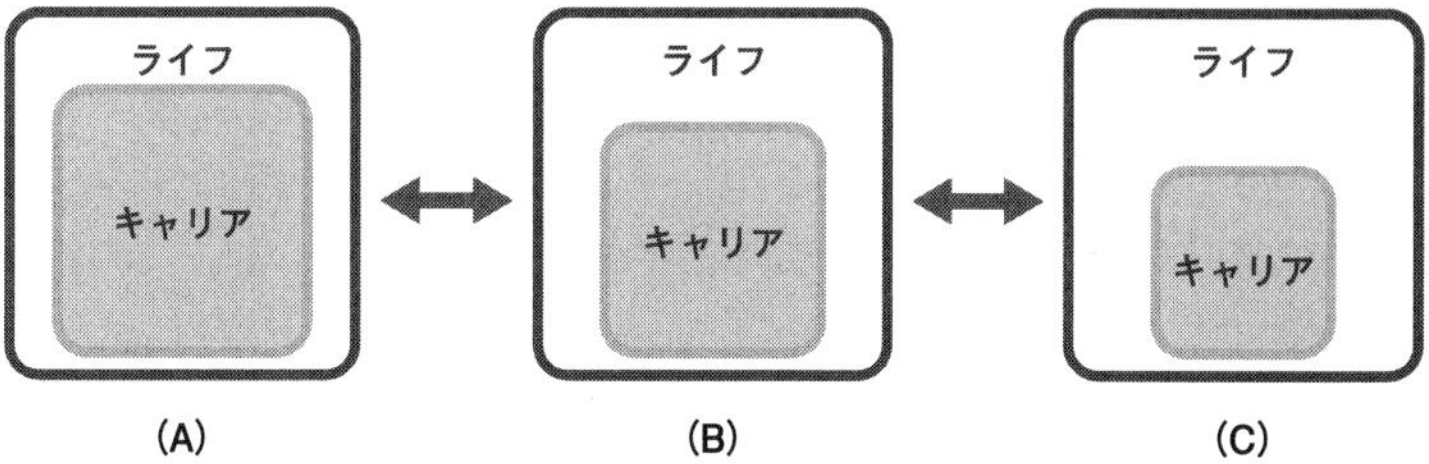

多くの人が「キャリア（仕事）で培った能力がライフ（人生）に活かされる」ことを経験しているでしょう。また、「ライフ（人生）の変化がキャリア（仕事）に影響を与える」ことも実感していると思います。

例えば、2024年9月公開の映画『スオミの話をしよう』の脚本・監督を手掛けた三谷幸喜氏は、プロモーションイベントで「これまでの映画では親子関係を扱うことはなかったが、52歳で第一子を授かってから、映画で親子関係を描くようになった」と語っています。

このように、**ライフとキャリアはお互いに影響を与え合います。理想的には、ライフとキャリアが良い影響を与え合う関係性を築くことが望ましいのです。**

次ページから「ライフ&キャリア―グランド・デザイン」シートの書き方を具体的に見ていきます。

記入日 2025年１月08日（水）氏名：金城 未来

キャリアの目的・ビジョン： 誰もが挑戦できる環境をつくる（ハウスではなくホームを！）											
2034	2035	2036	2037	2038	2039	2040	2041	2042	2043	2044	2045
46	47	48	49	50	51	52	53	54	55	56	57
43	44	45	46	47	48	49	50	51	52	53	54
15	16	17	18	19	20	21	22	23	24	25	26
9	10	11	12	13	14	15	16	17	18	19	20
77	84	91	98	105	?	?					
74	75	76	77	78	79	80	81	82	83	84	85
69	70	71	72	73	74	75	76	77	78	79	80
67	68	69	70	71	72	73	74	75	76	77	78

中学入学の祝い　★陽葵（長女）高校卒業→大学orほかの選択？
ラミッドを見たい！）★〇〇（第２子）小学校卒業＆中学校入学

ち丸（猫）長生きしてほしい！　★結婚30周年
う1～2匹かな？

母・シングル）「65歳までには
ーと…」夢がある!!

の大学院入学！ →→→ 45歳（2036）の独立・起業準備！

ーム＆リノベーション検討！（2世帯も視野に入れる）

自分で自信を

でマネジメントの
の資本化」を実践
っていきたい

★ちゅら海建設★☆★
業100周年（2035年）
なる！人材活躍企業へ！

★105周年（2040年）までに事業承継！
社長が明言。これまで4代にわたって親子で事業を継いできた。社長はお子さんがいらっしゃらないので、「社員から5代目経営者を！」と考えている。私たち社員も意識をもって、次の200周年に向けた組織の基盤づくりを行っていく。

図表2－11　(例)「ライフ＆キャリア―グランド・デザイン」シート

ライフの目的・ビジョン： 身近な幸せを感じる人と一緒にいる（そして、自分も幸せにある）									
お名前 （自身・家族・親族）	2025	2026	2027	2028	2029	2030	2031	2032	2033
金城 未来	37	38	39	40	41	42	43	44	45
金城 直樹（夫）	34	35	36	37	38	39	40	41	42
金城 陽葵（長女）	6	7	8	9	10	11	12	13	14
金城 ○○（第2子）	0	1	2	3	4	5	6	7	8
ぷち丸（猫）	14	21	28	35	42	49	56	63	70
加納 博之（父）	65	66	67	68	69	70	71	72	73
加納 洋子（母）	60	61	62	63	64	65	66	67	68
金城 由美子（義母）	58	59	60	61	62	63	64	65	66
ライフ（人生・家族・友人・趣味・旅行・資産・生き方など）の予定や目標	★陽葵（長女） 小学校入学 ★第2子誕生 夫（育休3～6月） ★父（博之）定年延長 75歳ぐらいまで働きたいみたい ★車をファミリータイプに！ マイカーリースも検討 ★小学校卒業＆ 家族旅行（ピ ★ぷ も ★由美子さん（義 新たなパートナ ★直樹（夫）念願 ★実家のリフォ								
キャリア（仕事・能力・資格・職場・マネジメント・働き方など）の予定や目標	★40歳までに1級建築士合格（実家のリフォームを 持って担当したい――両親への恩返し） ★プレイヤーとマネジメントの比率90：10 機能を果たしていない。少しずつ「経験 することで後輩の活躍＆育成支援も行 ★2026年課長～係長クラスで 「人的資本」に関する定期勉強会を開始！ ★☆ 創 さら								

「ライフ&キャリア―グランド・デザイン」シートの作成手順（図表2―11／103ページ）

1　名前の記載

・お名前の欄にご自身やご家族のお名前を記入します。パートナーやお子さんを迎える予定がある場合は、「(仮) パートナー」「(予定) 第一子」と記入してください。

・ご一緒に住んでいない親族のお名前も記入して構いません。

2　年齢の記載

・2025年の欄に現在の年齢を書き、横軸に1年ごとに年齢を加算して2045年まで記入します。

・例えば、2028年に第一子が誕生する予定なら、その年に「0歳」と記入します。

・ペットの場合は、犬齢など1年ごとに「7歳・14歳・21歳」のように記入します。

3　ライフ（人生・家族・友人・趣味・旅行・資産・生き方など）イベントの記載

・人生に関する予定や目標を具体的に記入します。

例「2027年：長女○○が中学校入学」「2028年：(趣味) ソムリエ資格取得」

・家族のケアなど将来的な予定も記載して構いません。
例「2038年：親の介護が必要になるかもしれない」
目標に関連するイメージ画像を添付すると、より具体的なビジョンが描けます。

4 キャリア（仕事・能力・資格・職場・マネジメント・働き方など）イベントの記載

・キャリアに関する予定や目標を記入します。
例「2028年：販売とサポート業務を1人で完結できるようにする」
例「2030年：マネジメント業務に専念」

この「ライフ&キャリア―グランド・デザイン」シートを活用して、上司と部下との「1on1ミーティング」や、職場全体や同僚同士で、「自身の将来と会社の未来」について前向きに話し合う機会を持つことをお勧めします。
あるいは、25歳・35歳・45歳・55歳といった「次の10年を意識する」段階でのライフ&キャリアデザイン研修の一環として活用してもよいでしょう。

「ライフ&キャリア―グランド・デザイン」シートを活用したワークによって、従業員は自身のライフイベントやキャリア目標が、事業の発展や社会課題の解決と「どのように結びつき、関係しているか」を具体的に理解することが可能になります。

その結果、「自分ゴト化（当事者意識）」が自然な形で深まり、経営戦略―事業戦略―人事戦略への本質的な理解と積極的な寄与が促進されていきます。実際に、このワークを体験した方からは次のようなコメントが寄せられています。

『今まで、こんなに〝自分の未来〟のことをじっくり考える機会はありませんでした。シート作成時はとてもワクワクし、自分の夢を再確認する貴重な時間になりました。まさに、ライフとキャリアがつながっているのを実感し、仕事も人生も、もっともっと良くしたいと感じました』

これにより、「人的資本経営」との親和性が格段に高まり、従業員のモチベーション、生産性、そしてチームワークの飛躍的な向上が期待できます。

さらに、〝個人の活躍〟と〝事業の発展〟が強く連動し、企業全体の持続可能な成長を力強く推進する原動力となるでしょう。

第3章

人的資本を活かす「絆と信頼（社会関係資本）」と「自信と調和（心理的資本）」

1 あなたの組織は〝人材活躍〟できていますか？

従業員それぞれの「ライフ&キャリアデザイン」は、人的資本として「個々の成長」や「人生の充実」を促進する効果があります。しかし、それ単体では持続的な「事業の発展」や「社会課題の解決」にはつながりません。

2024年に1万円札の肖像画となった渋沢栄一は、〝近代日本経済の父〟と称され、サステナブル経営の分野でも再注目されています。

彼が提唱した**「合本主義（一人ひとりの資本は小さいが、合わせれば大きな力になる）」の考え方は、現代の企業にとっても重要な示唆を与えています。企業は、社員一人ひとりの資本を可視化し、全体でまとめ、大きな推進力に変えることが求められます。**

個人が活躍するためには、単に「能力（知識や技術）」が高いだけでは不十分です。職場の人間関係や社内外のネットワーク、さらには体調や気分、仕事への自信や情熱も欠かせません。多くの人がこれらを社会人経験から実感していることでしょう。

企業においても同様に、**人的資本は「社会関係資本」や「心理的資本」と結びついて初めて、その力を最大限に発揮します**。さて、第3章では次の3つに焦点を当てます。

1つ目は、2012年から10年間、「沖縄県人材育成企業認証制度」の事務局長として企業支援および審査業務を担当。加えて、日本全国300社以上を伴走支援してきた経験をもとに、企業を「働きやすさ×働きがい」の2軸・4象限で「人材活躍企業」「人材輩出企業」「人材滞留企業」「人材流出企業」に分類します。

2つ目は、**「活躍の方程式（活躍＝能力×状態）」に基づき、個人がどのようにすれば最大限に活躍できるかを説明し、その考えを「事業発展の方程式」にも応用します**。

3つ目は、人的資本、社会関係資本、心理的資本の具体的な内容や、それらの相互作用についても、具体例を交えながら解説します。

また、第4章では、「ドラゴンクエスト」「パワフルプロ野球」「信長の野望」などのゲームの世界における個人の活躍とチームの発展の要素との共通点を交え、よりわかりやすく説明します。

例えば、「ドラゴンクエスト」では、各キャラクターの特性を活かした連携が重要ですが、「毒で体がしびれている」と活躍度が下がるように、ゲームの世界でも「人的資本」「社会関係資本」「心理的資本」のバランスが不可欠です。

同様に、企業においても、個人の能力（人的資本）だけでなく、職場の人間関係やチームの連携（社会関係資本）、そして個人の体調や自信、自己効力感（心理的資本）が、企業全体の発展に大きな影響を与えます。

人材活躍企業・人材輩出企業・人材滞留企業・人材流出企業とは

かつて沖縄県では、「若手の早期離職（入社3年以内の離職）率が50％を超える（全国平均は30％）」という深刻な社会課題がありました。その実態や原因を解明するため、２０１１年に「県内企業における雇用環境実態調査」が実施されました。

この調査は、従業員20人以上の県内企業と、それら企業で働く30代以下の従業員を対象としたアンケート形式で行われました。

調査は沖縄県雇用政策課、慶應義塾大学SFC研究所、後に私が所属することになる海邦総研が共同で行い、慶應義塾大学の花田光世教授と高橋俊介教授が監修を務めました。

調査の焦点は、**図表3－1**にあるように、企業を人材育成の観点から「働きやすさ」と「働きがい」の2軸で分類し、それに基づき4つのカテゴリーに分けることでした。

図表3－1　人材活躍企業・人材輩出企業・人材滞留企業・人材流出企業

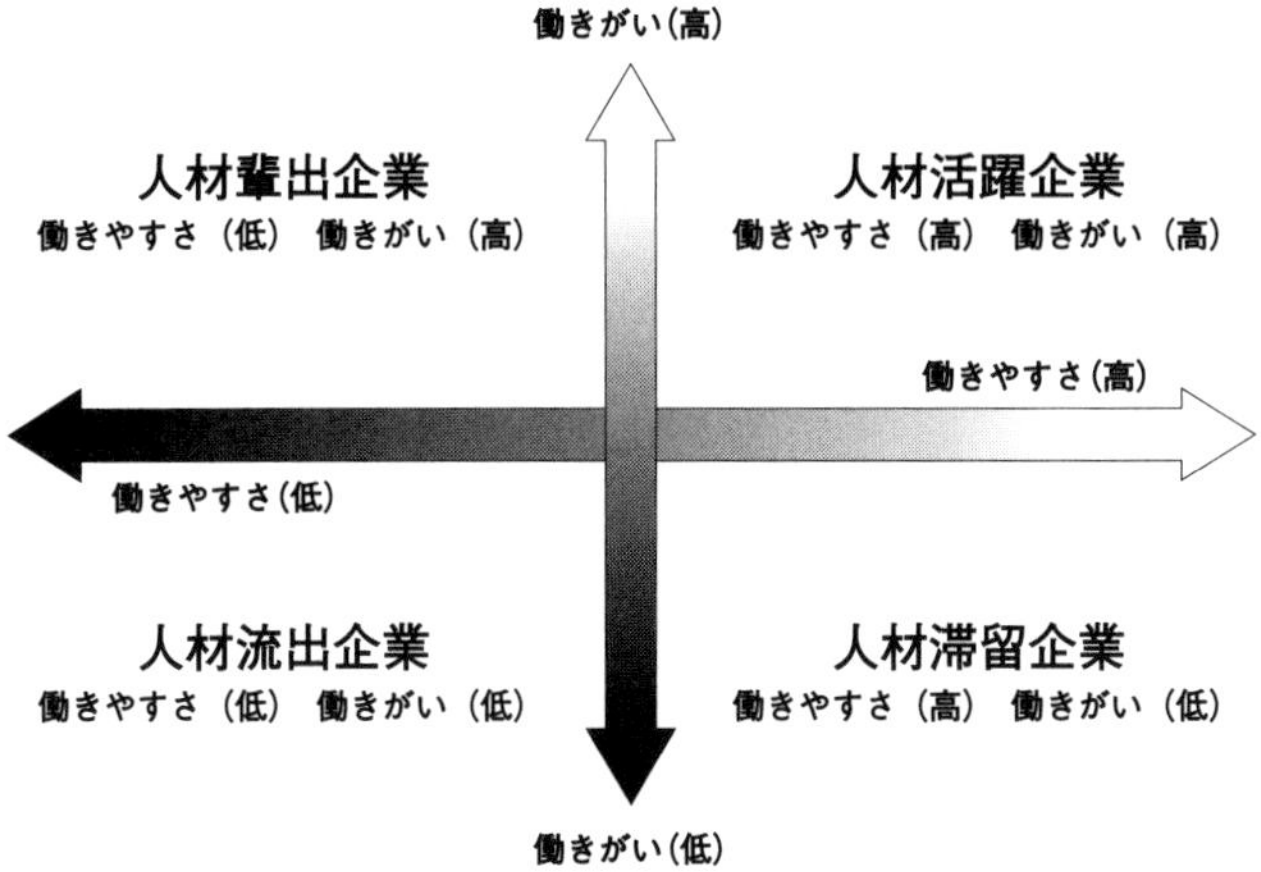

出典：『経営戦略としてのSDGs・ESG～“未来から愛される会社”になって地域×業界No.1を目指す』（白井旬、合同フォレスト、2022年）

●人材活躍企業とは（働きやすさ・高×働きがい・高）

「働きやすさ」だけでなく、従業員が「働きがい」を強く感じている企業です。従業員は、直近1年での成長を実感し、事業の発展や自己成長に対する期待を持っています。

また、**仕事への誇り**（ワークエンゲージメント）**や会社への愛着・参画意識**（従業員エンゲージメント）**も強く、個人と企業の相互成長が見込めます**（調査当時は「人材育成企業」でしたが、今回は〝人材活躍企業〟として再定義しました）。

●人材輩出企業とは（働きやすさ・低×働きがい・高）

従業員が「働きがい」を感じながらも、自己成長を経て、新たなステージを目指す企業です。企業側も独立や転職を受け入れ、卒業後も良好な関係を維持する文化が根づいています。**「出戻りＯＫ」の組織文化もひとつの特徴となっており、例えば、「リクルート出身の○○」や「元・キーエンスの○○」といった企業がこのタイプに該当します。**

●人材滞留企業とは（働きやすさ・高×働きがい・低）

給与や福利厚生が充実し、「働きやすさ」は高いものの、仕事での成長や充実感が乏しいため、従業員が「働きがい」を感じていない企業です。待遇の良さから転職を躊躇《ちゅうちょ》し、やむを得ずとどまるケースが多いです。

最近では、**若手人材の中で、このタイプを「ゆるブラック企業」として捉え、成長の停滞（≒将来への不安）を理由に離職するケースも見られます。**

●人材流出企業とは（働きやすさ・低×働きがい・低）

従業員が「働きやすさ」も「働きがい」も感じていない企業です。職場環境が悪く、転職を考える従業員が多いため、定着率が低く、採用↓離職↓採用のサイクルが続く傾向にあります。

この調査結果をもとに、2013年から「沖縄県人材育成企業認証制度」がスタートしました。この制度は、イギリスの「IIP（Investors in People：人に投資する企業）」や、アメリカの「GPTW（Great Place to Work：働きがいのある会社ランキング）」を参考に設計されています。また、慶應義塾大学の高橋俊介教授や明治大学の野田稔教授など、人材育成や組織開発の様々な専門家の意見も取り入れられています。

設立当時の当認証制度の大きな特徴は、書類審査に加えて、従業員アンケートやインタビュー（ヒアリング）も行い、総合的に審査を進める点です。特に**「従業員ヒアリング」では、経営者から若手社員まで幅広く話を聞き、「働きやすさ」と「働きがい」の両方を実現している企業（人材活躍企業）と、そうでない企業の違いが大まかに把握されました。**

そこで、2013年からの5年間の従業員ヒアリング内容を再分析した結果、一定の傾向が確認されました。この結果は、次節以降でお伝えする、活躍（パフォーマンス）と能力（スペック）の違い、そして「活躍（実力発揮）＝能力×状態」という〝活躍の方程式〟につながりました。

2 活躍（パフォーマンス）と能力（スペック）の違い
――活躍の方程式で考える

活躍（パフォーマンス）と能力（スペック）は混同されがちですが、実は異なります。能力（スペック）は、個人が持つ知識やスキルを指し、活躍（パフォーマンス）はそれらが実力として発揮され、成果を生む状態です。

ここで重要なのは、**活躍（実力発揮）は能力だけでは決まらないという点です。職場の「環境」や個人の「状態」が大きく影響します。**

例えば、花粉症の人が体調不良で集中力を欠いていると、どれだけ能力があっても成果が出にくくなります。また、どんなに高性能なパソコンでも、不要なアプリが多く起動していれば動作が遅くなるように、状態が整っていなければ能力は十分に実力として発揮されません。この関係は「活躍（実力発揮）＝能力×状態」と表現できます。

図表3－2は、沖縄県の人材育成企業認証制度のヒアリング結果や、全国300社以上の企業支援から得られたデータに基づき、人材活躍企業と人材流出・停滞企業を比較したものです。この対比からもわかるように、経営層から現場社員まで、組織全体が良好な「状態」

図表3－2　「人材活躍企業」と「人材流出・人材滞留企業」の違い

	人材活躍企業の傾向	人材流出・人材滞留企業の傾向
経営者	無理せず自然に結果が出ている	人材は揃っているが業績が不安定
部長クラス	経営戦略から人事戦略まで統一	経営者の考え方が不浸透＆不理解
課長クラス	会社の方向性を理解して言語化	目前の数字に追われ先行き不透明
係長クラス	職場がご機嫌・健康・安心な状態	職場が不機嫌・不健康・不信感な状態
社員（指導側）	キャリア・ステップが明瞭である	求められる評価基準が不明瞭である
入社3～5年	モデルとなる上司や先輩がいる	先輩多忙でコミュニケーション不足

にある（図表2－1：52ページ）ことが、個人の活躍と事業の発展にとって不可欠です。

つまり、**良好な「状態」とは、組織内に「不明瞭」「不理解」「不健康」といった「不〇〇」がない、もしくは最小限であることを意味します。**

経営者の明確なビジョンや健全・健康な職場環境は社員の活躍を後押しし、逆に経営方針の不透明さやコミュニケーション不足は、社員のモチベーションとパフォーマンスを低下させる原因となります。

このように、「活躍（実力発揮）＝能力×状態」の方程式は、個人だけでなく組織全体に当てはまり、良好な状態を維持することが企業の成長に直結するのです。

3 人的資本と連動する「社会関係資本」と「心理的資本」

先にお伝えした「個人の活躍に関する方程式《個人の活躍＝能力×状態》」を企業全体に拡大すると、《事業の発展＝人的資本×社会関係資本×心理的資本》に展開できます。

しかし、「社会関係資本」や「心理的資本」になじみのない方もいらっしゃるかもしれません。そこで、これら資本の中身と重要性を、時代の変遷とともに説明します。

◆経済的資本（Economic Capital）：何を持っているか？

かつて、企業の成長は経済的資本（資金や設備、インフラなどの物的資源）に依存していました（図表3－3）。具体的には、金融資産や有形資産（建造物、設備、原料、製品、特許、データなど）が挙げられます。

しかし、**現代では知識経済や技術革新の進展により、企業の競争力は物的資源ではなく、人材の持つ知識やスキル、すなわち人的資本に大きく依存するようになってきています。**

図表3－3　経済的資本とこれからの時代に重要な「3つの資本」

経済的資本	↔	人的資本	↔	社会関係資本	↔	心理的資本
・金融資産 ・有形資産 例） 建造物・設備、 原料・製品、 特許・データ など		・能力 ・持ち味 ・知識 ・スキル ・コツ ・ノウハウ ・アイデア ・情報 ・教育や学習 など		・関係性 ・信頼 ・社内外 ネットワーク ・人脈 ・相補支援 ・承認 ・感謝 ・家族や友人 など		・自信 ・希望 ・調子 （体調含む） ・自己効力感 ・レジリエンス ・愛着や貢献 など

出典：「競争優位への資本（キャピタル）展開」（Luthans,Luthans,&Luthans、2004年）をもとに抜粋、翻訳、改変

◆人的資本（Human Capital）：何を知っていて、何ができるか？

人的資本とは、従業員が持つ知識やスキルなどのことで、一般的に「能力」を指します。ノーベル賞の受賞者である経済学者ゲーリー・ベッカーが提唱したこの概念は、教育や訓練を通じて従業員の能力を高め、企業全体の成果を向上させることを目的としています。具体的には、能力、持ち味、知識、スキル、ノウハウ、アイデア、情報などが含まれます。

◆社会関係資本（Social Capital）：誰を知り、誰とつながっているか？

社会関係資本とは職場の信頼関係や社内外の協力体制などを指します。ロバート・パットナムが提唱したこの概念は、**絆や信頼が組織全体**

の生産性や効率を向上させる要因であることを示しています。

具体的には、職場の人間関係、上司と部下の信頼、社内外のネットワーク、相互支援の組織風土、感謝の企業文化などが挙げられます。

◆心理的資本（Psychological Capital）：前向きな心をどう保つか？

心理的資本とは、**従業員が自信や希望を持って仕事に取り組む精神的な状態を指します（その基盤となる身体の健康≒身体的な状態も含む）**。ルーサンスらが提唱したこの概念は、ストレスマネジメントやポジティブなマインドセットを通じ、個人のパフォーマンスを最大化するために不可欠です。

具体的には、仕事や自分に対する自信、将来への希望、体調、自己効力感、会社への愛着や貢献意欲が含まれます。


これらの人的資本、社会関係資本、心理的資本は単独ではなく、相互に連動してこそ最大の成果を生み出します。事業の発展には、優秀な人材（保有している能力・スペック）だけでなく、「絆や信頼」そして「自信や調和」が組織全体で醸成されることが不可欠です。

経済的資本の重要性が減少しつつある現代において、これら3つの資本を適切に活用することが、これからの時代における持続可能な経営のカギとなります。

そこで、先に述べた《個人の活躍＝能力×状態》を順を追って、企業全体に拡大して考えると、次のように、方程式《事業の発展＝人的資本×社会関係資本×心理的資本》に変換できます。

1　「個人の活躍＝能力×状態」における「状態」を「職場」と「個人」に分ける。

2　方程式を展開する。「個人の活躍＝個人の能力×職場の状態×個人の状態」となる。

3　「個人の能力」を「人的資本」、「職場の状態」を「社会関係資本」、「個人の状態」を「心理的資本」に置き換える。

4　最終的に、「事業の発展＝人的資本×社会関係資本×心理的資本」となる。

このように、**《個人の活躍＝能力×状態》**の組織としての総和が**《事業の発展＝人的資本×社会関係資本×心理的資本》であることが明らかです。**

これは、先に述べた渋沢栄一の合本主義（一人ひとりの資本は小さいが、合わせれば大きな力になる）ともリンクしており、組織全体のパフォーマンスは、個々の能力と組織全体の連携の総和であるという実感を私たちに強く与えます。

4 綱引き実験に見る！ それって〝人手不足〟？ それとも〝活躍不足〟？

人的資本と連動する「社会関係資本」や「心理的資本」の働きを理解するために、「綱引き実験」の事例を紹介します。この実験は、農学者リンゲルマンが行い、**集団作業時に個人のパフォーマンスが低下する現象「社会的手抜き」を明らかにしました。**

この背景には、社会関係資本が未整備であることが影響しています。さらに、社会心理学者スタイナーが提示した以下の公式は、**組織内での「活躍不足」がどうして起こるのかを理解するのに役立ちます。**

スタイナーの公式

実際の生産性 ＝ 潜在的生産性 － プロセスロス（欠損）＋プロセスゲイン（利得）

綱引きの例で見るプロセスロスとプロセスゲイン

スタイナーの公式を、綱引きに当てはめてみましょう（**図表3－4**）。左側の黒色帽子チームは1人で300Kgの力を持っています。対する右側の白色帽子チームは、1人あたり10

図表3－4　スタイナーの公式（人手不足 or 活躍不足）

300kg＞100Kg×3名 ×0.6＝180Kg　↑不の解消をしてから人を採用
300kg＞100Kg×4名 ×0.6＝240Kg　300kg＞100Kg×3名 ×0.8＝240Kg
300kg＝100Kg×5名 ×0.6＝300Kg　300kg＜100Kg×4名 ×0.8＝320Kg

「不○○」を解消すると、
少ない人数でもパフォーマンスは劇的アップ！

出典：『経営戦略としてのSDGs・ESG～“未来から愛される会社”になって地域×業界No.1を目指す』（白井旬、合同フォレスト、2022年）

0Kg（3人で300Kg）の力を持っています。

通常であれば、白色帽子チームは合計で300Kgとなり、両チームの力は均衡するはずです。

しかし、**図表3－4**にあるように、**白色帽子チームでは「呼吸が合わない（不一致）」「引く方向が揃わない（不揃い）」「意思疎通が不十分」といったプロセスロス（欠損）が生じています。**

このロス（不○○）のため、実際には180Kgしか引けなかったのです（100Kg×3人×0・6＝180Kg）。これは、社会関係資本や心理的資本が未整備であったことが原因と考えられます。

そこで、チーム内で話し合いや練習を重ねて呼吸や方向を合わせること（不の解消をする）によって、プロセスゲイン（利得）が発生し、最終的には330Kg（100Kg×3人×1・1＝330Kg）の力を発揮できるようにすることも可能です。つまり、**社会関係資本の効果で、心理的資本も連動して向上し、メンバー全員のパフォーマンスが大きく改善されたのです。**

このように、人的資本だけでなく、社会関係資本や心理的資本を整えることで、チームのパフォーマンスは劇的に向上することが示されます。

プロセスロスと実際の企業事例

プロセスロスは、従業員の人数が増えたり、拠点・部署が多岐にわたる場合に、特に発生しやすくなります。

例えば、当法人がサポートしたある企業では、長年「人手不足」に悩まされていました。さらに同社は複数の部署がビルの3階から7階に分かれて配置されており、部署間のコミュニケーションが不足していることが懸念材料となっていました。

その後、事業拡大に伴い、全部署を1フロアに集約できる新しいビルに移転したところ、自然とコミュニケーションが活発になり、社会関係資本が強化されました。

その結果、様々なプロセスロス（不〇〇）が解消されてパフォーマンスも向上。社員のモチベーションなどの心理的資本も高まり、間もなく人手不足も解消されました。**長年「人手不足」と感じていた問題が、実は「活躍不足」が原因であったことが明らかとなったのです。**

以上のように、チームや組織内での「コミュニケーション不足」や「連携のズレ」は、社会関係資本の未整備から生じることが多く、これがプロセスロスを引き起こし、結果として生産性を低下させます。このような場合、課題は必ずしも「人手不足」ではなく、「活躍不足」にあるのです。しかし、呼吸や意思疎通を合わせ、互いの力を最大限に引き出すことでプロセスゲインが生まれ、組織全体の力を大きく引き上げることが可能です。

企業や組織が真の力を発揮するためには、個々の能力（人的資本）を高めるだけでなく、社会関係資本と心理的資本を整備し、強化する取り組みが不可欠です。例えば、定期的なフィードバックの提供や、チームビルディング活動を実施することで、プロセスロスを最小限に抑え、チーム全体の生産性とパフォーマンスを向上させることができます。

さらに、健康経営やメンタルヘルスのケア、自己効力感を高める研修などを通じて、心理的資本を強化することも重要です。

ただ単に「人手不足」と嘆くのではなく、「それって本当に人手不足？　実は〝活躍不足〟なのでは？」と、一度立ち止まって考える時間を設けてみては、いかがでしょうか。

5 ミッション！「社内留学制度」で3つの資本を高めよう

熊本トヨタ自動車では、2023年11月から「人的資本」「社会関係資本」「心理的資本」の3つの資本を高めることを目的に「社内留学制度」を導入しました。

この制度では、従業員が人事異動を伴わずに他部署で5日間働くことで、新たな視点やスキルを獲得し、社内の人間関係や自己効力感を高めることを目的としています。2025年1月までの3回の実施で合計97名（全従業員の約34％）が参加する効果的なプログラムです。

また、「社内留学など、熊本トヨタ自動車の様々な人材育成の取り組みが、入社の決め手になりました」という新卒が現れるなど、採用にも高い効果を発揮しています。

社内留学制度、誕生の背景

2022年、熊本トヨタ自動車の井原宏社長は「熊本フォーラム2022」（熊本経済同友会）の分科会で、サステナビリティ分野の講師を探しており、その際、私との出会いがありました。

私がフォーラムで講演したことをきっかけに、井原社長と人材育成と組織課題に関する議論を重ね、2022年7月から「人的資本経営とESG思考」を軸にした3年間のプロジェクトがスタート。その一つのプログラムとして「社内留学制度」が誕生しました。

「出向∞エイト」から生まれた新制度

この制度は、当法人が沖縄で実施していた管理職向けプログラム「出向∞エイト」をもとにしています。「出向∞エイト」は、管理職が「仕事を抱え込みがち」や「業務スキルは高いが人材育成のノウハウが不足している」といった課題を解決するために設計されました。

人材育成や組織開発を専門とする当法人に月8日（毎週火・木）勤務することで、「自社の魅力を再発見」や「マネジメントスキルの向上」さらに「業務の属人化解消」などの効果が出るように設計・企画を行いました。累計10社以上が参加して、高い評価を得たこのノウハウを、熊本トヨタ自動車向けにアレンジして誕生したのが「社内留学∞エイト」です。

「社内留学制度」導入の土台づくり

プロジェクト1年目の2022年には、次ページの**図表3－5**に示す「人的資本経営とESG思考」に基づき、**組織全体の土台（組織のOS）となる「不の解消マネジメント」と「活躍の方程式（活躍＝能力×状態）」**を全社員研修で導入しました。

図表3－5　サステナブル経営（人的資本経営とESG思考）の概念ピラミッド

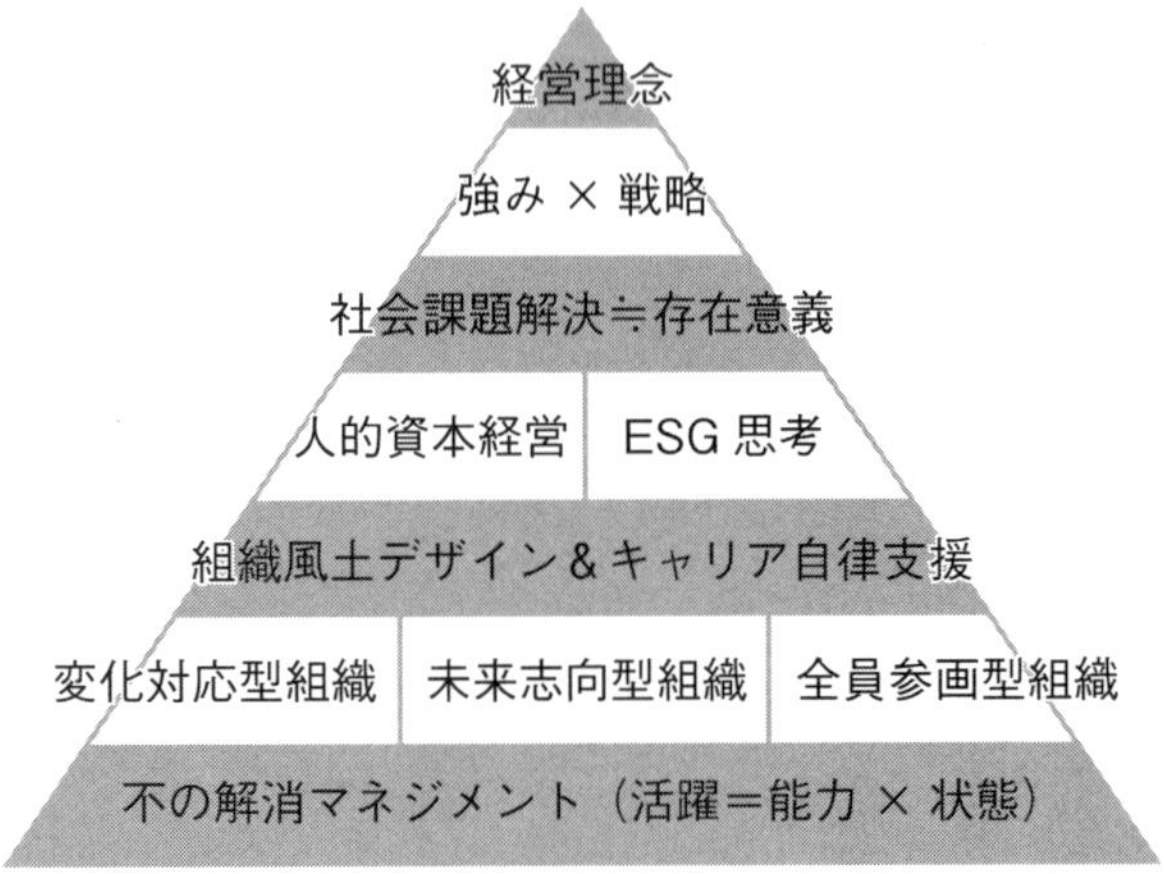

当時、創業85年の熊本トヨタ自動車において、全社員が同一の研修を受けるのは初の試みでした。これにより、「会社が変わろうとしている」というメッセージを強く発信することができ、コロナ禍で途絶えていた社員同士の交流が再び活性化する大きな一歩となりました。

研修後は、「不の解消」や「不○○」といった共通言語が社内に定着し、以下のような建設的な対話が増えました。

「実は、仕事が立て込んでいて、不安感が大きいのですが…」

「ごめん！　今の説明は少し不明瞭だったね。もう1回説明するね！」

「営業と整備で互いに不理解があったと思

います。解消の機会を設けましょう！」

この「不〇〇」というキーワードを活用することで、感情的にならずに前向きな対話が生まれ、組織内の空気感（組織風土）が少しずつ変わっていきました。そこで、この土台を活かして2023年11月に「社内留学制度」を導入しました。

5日間の「社内留学制度」の目的と効果

社内留学制度は、5日間の他部署での業務体験を通じて、以下の3つの資本を高めます。

1　**人的資本**：新たなスキルや視点を獲得し、個々の能力を向上させる。
2　**社会関係資本**：部署間のコミュニケーションを活発にし、社内連携を強化する。
3　**心理的資本**：成長実感を得て、自信や自己効力感を高める。

熊本トヨタ自動車独自の【目的】

この制度では、次の熊本トヨタ自動車独自の目的を掲げています。

1　主体的なキャリア形成支援：スタッフ一人ひとりのキャリアデザインを支援し「働きやすさ×働きがい」を創出。

2　部署間の交流促進：成功・失敗事例の共有を通じて業務改革型の交流を強化。

3　属人化の解消：業務の標準化を進め、特定の人物に依存しない体制を構築。

受け入れ側の〝体制づくり〟が成功のポイント

第1回では、全従業員の約16％にあたる45名が応募。それぞれが希望する部署、仕事内容、期待する成果を慎重に確認し、最適な社内留学先にマッチングしました。

この「社内留学制度」の成功のカギは「受け入れ側の体制づくり」につきます。送り出し側と受け入れ側で目的を共有し、参加者にとって有意義な経験を提供するための体制づくりが重要です。

熊本トヨタ自動車では、部長・課長・店長クラスが毎月1回参加するＨＣＭ（人的資本マネジメント）研修の時間を活用して、送り出し側と受け入れ側双方の管理職が希望や意見を交わし、個々の目的に合わせた受け入れプログラムをつくり上げました。

参加者の「社内留学制度」への参加理由と活用目的のトップ3は以下の通りです。

◆1位：ほかの職種や部署、店舗を経験してみたい（84・85％）
◆2位：新しい分野の知識や技術を身につけたい（54・55％）
◆3位：社内のネットワーク（他部署など）を広げたい（48・48％）

この希望を見ると、応募の段階ですでに「心理的資本」が高く、「人的資本」と「社会関係資本」をさらに高めようとしていることがわかります。

行動変容に長続きする「社会関係資本」と「心理的資本」

研修やプログラムの目的である「行動変容」には、「カークパトリックモデル」（29ページ）でご紹介したように、現場リーダーのサポートが重要です。熊本トヨタ自動車では、社内留学の効果を測るため、留学直後と3カ月後にアンケートを実施。

3カ月後のアンケートでは、97％の参加者が「変化があった」と回答しました。内訳は「画期的な変化」17・95％、「大きく変化」51・28％、「やや変化」28・21％となっており、この変化の継続には部署を超えた絆・つながりや上司と部下との信頼関係の強化といった「社会関係資本」と、自身の成長実感によるモチベーションアップや属人化解消による安心感の向上といった「心理的資本」の活用が背景にあります。

具体的なプログラムの例――7つのうち2つをご紹介

《スタッフインタビュー》

毎日2名の留学先スタッフにインタビューを行う取り組みでは、84・62％の参加者が「とても&かなり良い影響があった」と回答。

具体的には、「先輩や同期の姿勢を知ることが良い刺激となり、**同期に負けられないという気持ちで、社内留学後も長い間にわたり、モチベーションが維持できた**」「店舗スタッフへのインタビューで現場の状況を知り、**これまで一方通行のコミュニケーションでしたが、相手の立場で考えるようになりました**」といった声が寄せられました。

《毎日の目標設定&振り返り×デイリーレポートへのフィードバック》

留学先の管理職と毎朝の目標設定、業務終了後の振り返りを実施。作成したデイリーレポートは社内システムで共有され、所属元の上司からもフィードバックを受けます。

この取り組みで、振り返りと上司からの承認に対し、70・51％が「とても&かなり良い影響があった」と回答。

具体的には「留学先の店長からの前向きなアドバイスで、さらに上を目指す意欲が湧いた」「自店舗の店長からの承認メッセージが励みとなり、留学後にコミュニケーションが取りやすくなった」との声がありました。

このような体系化されたプログラムを設計する際に意識したことは、近年、注目を浴びる「オキシトシン」「セロトニン」「エンドルフィン」「ドーパミン」などの体内物質の効果です。

詳細は138ページで述べますが、「オキシトシン」は人間関係の信頼を深めて「社会関係資本」を強化し、「セロトニン」や「エンドルフィン」は自己効力感とストレス耐性を高めることで「心理的資本」の強化に直結します。

これらの「3つの資本」と親和性が高い様々な体内物質の持続的な効果も、社内留学の成功を支える要因の一つです。

そして、この特性を理解して活かすことは、社内留学に限らず、あらゆる人事施策の成功を左右する重要なカギでもあるのです。

6 社会関係資本を高める「名前＋挨拶」「名前＋お礼」

職場の人間関係を強化し、組織全体の生産性を向上させるためには、「社会関係資本」を高めることが不可欠です。前節でご紹介した「社内留学」は、この「社会関係資本」を含む３つの資本を増やすのに効果的ですが、ある程度の企業規模や時間が必要です。

そこで、**今日から誰でも実践できるシンプルな方法として、「名前＋挨拶《あいさつ》」「名前＋お礼」をお勧めします。これは、私たちが支援している企業でも高い効果を上げています。**

「存在承認」の重要性

この「名前＋挨拶」「名前＋お礼」の基盤となるのが「存在承認」です。承認研究の第一人者である同志社大学の太田肇教授は、その著書『日本人の承認欲求』（新潮社、２０２２年）や『「承認欲求」の呪縛』（新潮社、２０１９年）などの中で、承認には「存在承認」「行動承認」「結果承認」の３つがあると述べています。それぞれの内容は次の通りです。

１　存在承認：存在そのものを認めることです。「私はここにいてＯＫなんだ」「私の居場

所があるんだ」という感覚を得られます。具体的な行動としては、

・挨拶やお礼に名前を加える。
・強みや持ち味を伝え、仕事を任せる。
・変化に気づき、興味を持つなど。

2 行動承認：行動そのものを認めることです。結果が出なくても、プロセスを重視して行動を評価します。具体的な行動としては、

・望ましい行動を可視化・言語化する。
・行動そのものを認め、変化に気づく。
・行動への安心感や熱心さを伝えるなど。

3 結果承認：結果そのものを認めることです。結果承認を妨げるものとして「その立場ならできて当たり前」といった感謝の欠如があります。具体的な行動としては、

・結果を事実として伝え、ねぎらう。
・以前の行動への感謝を伝える。
・結果を定期的にフィードバックするなど。

なぜ「存在承認」が重要なのか

日本の企業や組織では、「結果承認」に偏る傾向があります。**「新規受注した」「目標をクリアした」といった結果だけを評価すると、承認の機会が限られ、組織内の「社会関係資本」が低下してしまいます。** 太田肇教授の研究でも、「存在承認」は人間関係の絆や信頼を強化するために欠かせない要素とされています。

つまり、**日常的な「存在承認」を通じて、誰もが「自分はここにいていい」と感じられる職場環境をつくることが、「社会関係資本」を高めるカギなのです。**

今日からできる「存在承認」の実践

簡単に実践できる「存在承認」の方法として、次の行動を取り入れてみましょう。

1 挨拶＋名前：㈷○○さん、おはようございます！

2 お礼＋名前：㈷○○さん、ありがとうございます！

3 「行動承認」をプラス：㈷○○係長、いつもフォローありがとうございます！

実際に、くまもとKDSグループや熊本トヨタ自動車でこの取り組みを実践したところ、

「最初は照れくさかったが、職場の雰囲気が良くなった」「挨拶することで気持ちよく、朝からやる気が出る」といった効果が報告されています。

「褒める」と「承認」の違い

「褒める」は上下関係が中心で、上から下への流れがメインです。一方、「承認」はタテ・ヨコ・ナナメの関係で行うことができ、下から上へも可能です。このような全方向の「承認」は、職場全体の雰囲気を改善し、3つの資本強化に効果をもたらします。

子育てでもよくあることですが、「〇〇ちゃんのお父さん」「〇〇くんのお母さん」と呼ばれると、自分の名前が消えてしまい、「存在承認」が失われたように感じることがあります。これは、誰しも自分自身の存在を認めてほしいという気持ちを持っているからです。

人的資本経営の基本は、「人を中心に考える」ことです。そのためには、毎日の「存在承認」が欠かせません。今日から始められる「名前＋挨拶」「名前＋お礼」を通じて、職場の社会関係資本を高めていきましょう。

こうした日々の小さな積み重ねが、組織全体の信頼関係を強化し、持続的な〝個人の活躍〟と〝事業の発展〟を支える力となります。

7 心理的資本を高める「オキシトシン的承認（行動承認）」

私は、2023年夏から月1回「ウェブ心理塾」に通い、体系化された情報発信に関するノウハウを学んでいます。**運営者は精神科医の樺沢紫苑先生で、累計250万部を超えるベストセラー作家であり、映画評論家でもあります。**

樺沢先生は、精神医学や心理学、脳科学の知識をわかりやすく発信し（SNS総フォロワー数100万人以上）、メンタル疾患の予防に努めています。著書『アウトプット大全』（サンクチュアリ出版、2018年）『ストレスフリー超大全』（ダイヤモンド社、2020年）『脳を最適化すれば能力は2倍になる』（文響社、2024年）などは、一度は手に取ったことがある方も多いのではないでしょうか。

樺沢先生の著書『精神科医が見つけた 3つの幸福 最新科学から最高の人生をつくる方法』（飛鳥新社、2021年）には、「ドーパミン的承認」と「オキシトシン的承認」の図がわかりやすく掲載されています。今回は、筆者が少し加筆・修正したものを**図表3－6**として紹介します。

図表3－6　ドーパミン的承認とオキシトシン的承認

ドーパミン的（結果や評価）承認	オキシトシン的（愛情や繋がり）承認
結果にフォーカスする	行動や過程にフォーカスする
短期的（効果が逓減しやすい）	長期的（効果が逓減しにくい）
タテの関係（支配と依存の関係）	ヨコ・ナナメの関係（相互信頼・尊敬）
支配・コントロール・誘導	共感・思いやり・愛情・勇気づけ
相手を依存的にする	相手を自律的にする
㈷テストで100点をとったことを承認する（結果）。	㈷100点をとるまでの努力や行動を承認する（過程）。

出典：『精神科医が見つけた 3つの幸福 最新科学から最高の人生をつくる方法』（樺沢紫苑、飛鳥新社、2021年）をもとに改変

この図に示すように、「結果承認」は業績や成果といった目に見える結果に焦点を当て、成功を評価するもので、樺沢先生はこれを「ドーパミン的承認」と呼んでいます。

一方、「行動承認」は、目標に向けての行動や成長の過程を承認するもので、「オキシトシン的承認」とされます。両者の効果は対照的です。**「ドーパミン的承認」は一時的な満足感をもたらすものの、長続きしにくいのが特徴です。**

これはバブル崩壊後の「失われた30年」で見られたように、結果中心の「人的資源経営」や「ドーパミン的承認」の限界を示しています。成果を出せなかった者の自己評価が下がるだけでなく、組織全体の活力が低下するという悪循環に陥っていたのです。

一方、**「オキシトシン的承認」は、日々の努力や行動を肯定することで、安心感と信頼を育み、組織全体のエンゲージメント（ワーク＆従業員ともに）を長期にわたって持続的に高めます。**

小さな行動を評価されることで、人は「認められている」と感じ、結果へのプレッシャーから解放され、成長に集中できるようになります。これが自己効力感とストレス耐性を強化し、長期的に高いパフォーマンスを引き出す「心理的資本」を育むのです。また、「オキシトシン的承認」は「社会関係資本」の向上にもつながります。

本書のメインテーマである「人的資本経営」では、この「オキシトシン的承認」が不可欠です。「社会関係資本」や「心理的資本」と深く結びついており、チームのコミュニケーションを円滑にし、互いを尊重し合う職場環境を生み出します。

これが組織の持続的な成長と革新を可能にし、従業員が最大限に実力発揮できる場をとなるのです。つまり、**「人的資本経営」の本質は、結果ではなく、その背後にある努力や行動を承認し続けることにあるのです。**それこそが、企業の長期的な成長を支える戦略なのです。

また、樺沢先生は**図表３－７**で「３つの幸福（Well-Being）の優先順位」を示しています。まず、重視すべきは「心と体の健康（セロトニン的幸福）」、そして「つながり・愛（オキシトシン的幸福）」となります。

図表3－7　3つの幸福の優先順位

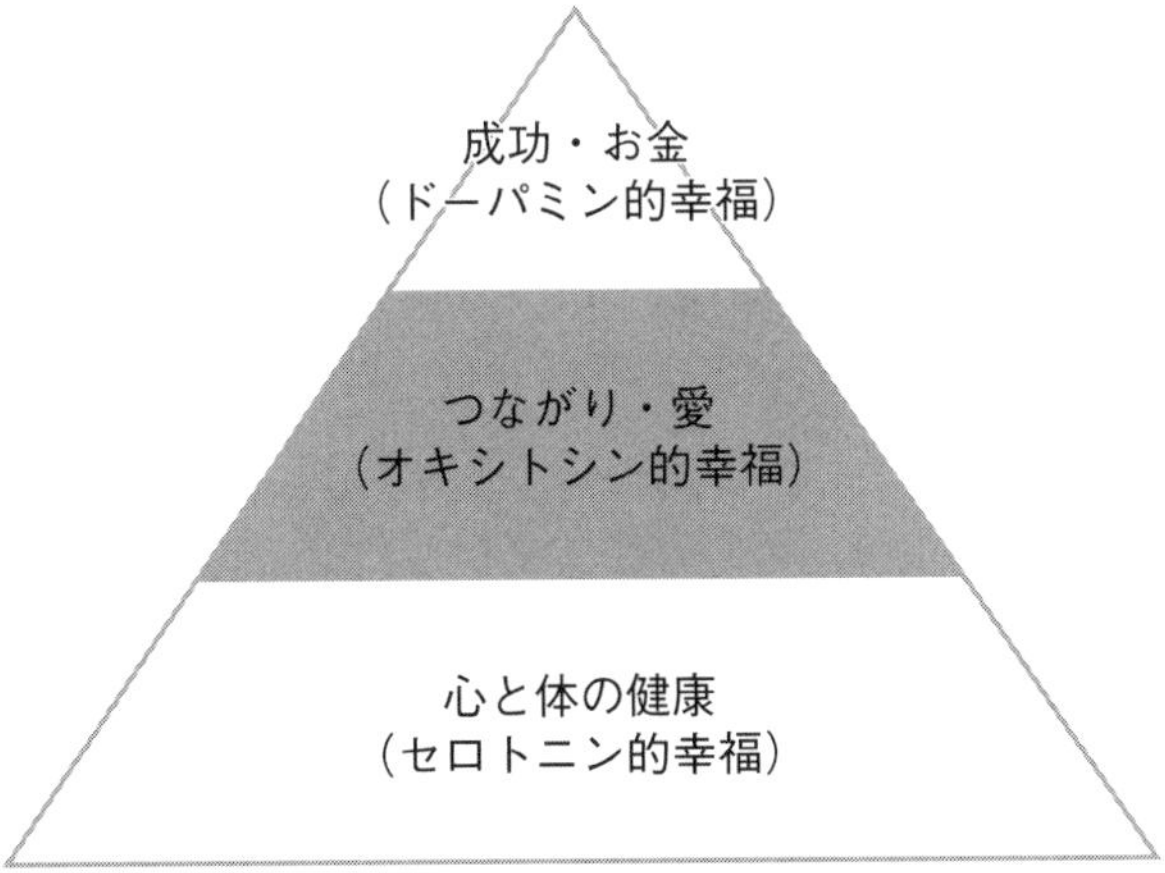

出典：『精神科医が見つけた 3つの幸福 最新科学から最高の人生をつくる方法』（樺沢紫苑、飛鳥新社、2021年）をもとに改変

1　セロトニン的幸福（心と体の健康）

最も優先度が高く、幸福（状態を指す）の基礎です。「体調が良い」「気分が良い」という状態は当たり前でありながら、かけがえのない幸福です。

2　オキシトシン的幸福（つながり・愛）

他者との交流や安定した人間関係から生まれる幸福です。「楽しい」「うれしい」「安らぐ」と感じる状態を指します。

3　ドーパミン的幸福（成功・お金）

達成感や喜びを伴う幸福です。「やった！」と感じる瞬間の高揚感で、優先順位は最後となります。

8 ワーク

3つの資本で分析！ 昇格で「活躍人材」が「不調人材」に？

さて、これまで「人的資本×社会関係資本×心理的資本」の望ましい連動の事例をお伝えしてきましたが、ここでは、感覚的に「3つの資本」を理解し、分類していただくためにケーススタディを行います。

次の例文を読み、それぞれ「人的資本」「社会関係資本」「心理的資本」の3つが**「（昇格前）営業スタッフ～係長時代」と「（昇格後）課長就任時～現在」において、どのように変化し、それがAさんの〝活躍度合い〟にどう作用したかを考えてみましょう。**

ケース　課長に昇格してから急激に元気がなくなったAさん

Aさんは2023年10月に思いがけず課長に昇格しました。他部署の課長が不祥事で降格し、直属の上司であったB課長がその対応を担うため異動。結果、急遽Aさんが係長から昇格となったのです。これはAさんが係長になってから1年目の出来事でした。

Aさんは「B課長のもとで5年ほど係長を経験してから課長に昇格する」というキャ

リアプランを描いていましたが、突然の昇格はその計画とは大きく異なりました。

Aさんは営業成績が高く、社員からの評判も良かったため、B課長の推薦で「大抜擢」として課長に就任しました。しかし、昇格後半年が経ち、新たな責任やリーダーシップを求められる中、自信が持てずにいます。さらに、常に不安に悩まされるようになり、ストレスの影響からか、眠れない日々が続いています。

これまでAさんは、クライアント一人ひとりに親身に寄り添ったコンサルティング型の営業で、顧客満足度を向上させ、口コミが広がり営業成績にもつながっていました。特にクライアントには経営者や開業医、士業の代表者などが多く、顧客同士の紹介によって売上が伸びていたことが、Aさんの営業スタッフ～係長時代の成功要因でした。

いかがでしょうか？　Aさんの3つの資本はどのように変化したと思いますか？

次ページでは、Aさんの「(昇格前) 営業スタッフ～係長時代」と「(昇格後) 課長就任時～現在」の人的資本、社会関係資本、心理的資本の変化と影響の一部を挙げています。

ページをめくる前に、今一度、Aさんの3つの資本について再確認しましょう。

Aさんの資本は、昇格前と昇格後で次のような変化があったと考えられます。

《昇格前》「営業スタッフ～係長時代」の分析

●人的資本

Aさんは営業成績が高く、クライアントからの信頼も厚い。コンサルティング型営業で培ったスキルや知識を活かし、営業のノウハウを蓄積していました。また、顧客の満足度を高めるための提案力があり、**人的資本としては非常に高いレベルにありました。**

●社会関係資本

Aさんは、企業経営者や開業医、士業の代表者など、社会的に影響力のある顧客との信頼関係を築いていました。口コミによって新たなクライアントを獲得するほどのネットワークを持ち、**社内でも同僚や上司との関係が良好で、B課長からの推薦も得ています。**

●心理的資本

Aさんは、自分の営業スタイルに自信を持ち、顧客満足度を高めることに成功したことで、自己効力感も非常に高い状態にありました。**計画通りのキャリアプランを描いて**

おり、心理的にも安定していました。

《昇格後》「課長就任時～現在」の分析

●人的資本

Aさんは、営業に関しては引き続き高いスキルと知識を持っていますが、**新たに課されたマネジメントやリーダーシップに関するスキルが不足しています。**また、会社として、体系的なリーダーシップ教育やマネジメント研修は実施されておらず、Aさんが役職に応じたスキルを学べる機会がないまま、責任だけが増えています。特に、部下の育成やチームの目標設定、意思決定の場面で戸惑うことが増え、人的資本の活用が十分にできていない状況です。

●社会関係資本

顧客との関係は引き続き良好ですが、課長としての新たな役割を果たすためには、部下や他部署との信頼関係の構築が必要です。これがまだ十分に進んでおらず、**組織内での人間関係や信頼など社会関係資本が一時的に低下しています。特に、かつてのB課長のように相談できる上司がいないことも、Aさんの不安を増幅させています。**

●心理的資本

昇格後、**Aさんは責任の重圧に押しつぶされ、心理的資本が急速に低下しました。**自己効力感を失い、不安やストレスで夜も眠れない状況が続いています。急な昇格がAさんに精神的な負荷を与え、メンタルヘルスにも影響を及ぼしています。

このケースは、日本の職場でよく見られる事例です。Aさん個人の課題だけでなく、組織全体の人材育成システムの不足が問題であることも浮き彫りにしています。

Aさんが直面した問題の一因には、リーダーシップやマネジメントに関する体系的なトレーニングの不足があり、これらが整備されていれば、Aさんの心理的資本や社会関係資本の低下、そして部署全体の活躍度合いの低下を防ぐことができたかもしれません。

日本では、新入社員研修は手厚いものの、部署異動や職種転換、そして昇格時など、大きな変化に直面する際に新しい職務や職場に適応するための支援や学びの機会が、十分に提供されているとはいえず、そのような会社は稀です。

このケースを通して、**3つの資本のバランスが崩れると、どんなに優秀な人材でも不**

調に陥る可能性が明らかにあります。特に昇格時には、人的資本だけでなく、社会関係資本と心理的資本をサポートする組織的な取り組みが不可欠です。

《実際の解決》

さて、この「課長に昇格してから急激に元気がなくなったAさん」ですが、私と月1回の面談を行って、6カ月ほどで復活。翌年には、見事、優秀部門賞を受賞しました。**復活のきっかけは、第4章で紹介する「経験の資本化（商標登録出願中）」というメソッドを活用し、これまでの経験を可視化・言語化・資本化したことです。**

Aさんはこのプロセスで、自身の強みや成功の要因を再確認し、次にとるべき行動が明確になりました。さらに、その気づきから、上得意の経営者たち（社会関係資本）に「マネジメントのコツ」を相談し、実践的なアドバイスを得たことで自信を取り戻しました。

こうした行動により、Aさんはリーダーシップを発揮して活躍し、部署の成績も向上。相談を受けた経営者たちも、さらにAさんを応援するようになり、その結果、3つの資本が総合的に向上しました。**この「経験の資本化」は、困難に直面した時だけでなく、日常の様々な経験を〝資本〟として捉え、〝明日への糧〟とする有効な方法です。**

第1章
第2章
第3章
第4章
第5章
第6章

9
ワーク

自社の状況を「人材活躍5分野15項目」診断でチェックしよう

ここで紹介するのは「人材活躍5分野15項目」診断です。これは、慶應義塾大学の高橋教授の提唱をもとに、現代のニーズに合わせて筆者が加筆・改訂したもので、「人的資本」「社会関係資本」「心理的資本」の要素を盛り込んでいます。

この診断は、4段階評価（「そう思う」「どちらかといえば、そう思う」「どちらかといえば、そう思わない」「そう思わない」）で実施され、数値化（可視化）できます。

診断結果から、従業員の「働きやすさ」や「働きがい」、および「人的資本」などの状況と、自社の「経営理念」や「経営戦略」とのズレやギャップを把握することができます。

《分野1：ビジョンと人材像の実践》

1－1：明確なビジョンと人材像の共有

組織のビジョンや期待される人材像が具体的に明示され、社員が日常業務を通じてその重要性を理解し、実感できるようになっているか。

1－2：採用・評価基準へのビジョンの反映

ビジョンや人材像が採用や評価、昇進の基準に一貫して反映され、社員が自身の成長と組織の期待を理解できる仕組みが整っているか。

1－3：ビジョンと人材像の浸透と実践

ビジョンが組織全体に浸透し、信頼や協力を築く基準として機能し、社員が日々の仕事でそのビジョンを実践できるようにサポートされているか。

《分野2：コミュニケーションを通じた人材活躍》

2－1：相互支援と信頼関係の構築

上司、同僚、部下とのコミュニケーションが活発で、相互にフィードバックや業務・精神面の支援が行われ、社員の活躍を促す信頼関係が構築されているか。

2－2：フィードバックの質と頻度

定期的で具体的なフィードバックを通じて、社員の自己改善や自己成長を促す機会が設けられている。また、フィードバックは「ポジティブな評価」と「建設的な指摘」の両面から行われ、バランスが取れているか。

2－3：相互に学び支援し、互いに啓発し合う組織

相互学習の機会や相互支援を行う風土、質の高いフィードバックや個別指導、対話を通じて社員が新たな気づきを得る機会が十分に提供されているか。

《分野3：仕事を通じた成長の促進》

3－1：仕事の体系化と役割の明確化

社員が自分の役割や期待されるスキル、能力の体系を理解し、日々の業務に取り組んでいるか。また、自分のスキルレベルと目標が明確になっているか。

3－2：挑戦的な仕事と背伸びの機会

社員が少し「背伸び」するような挑戦的な仕事や課題に取り組める機会が定期的に提供され、その過程でリーダーやマネジメントからのサポートが行われているか。

3－3：明確なキャリアパスと成長の継続

社員が自分のキャリアパスを明確に理解し、社内外の様々な機会を含めた成長の道筋が柔軟に設定されているか。

《分野4：変化への対応と長期的視点での人材育成》

4－1：変化に対応するスキルや環境の整備

結婚、出産、介護、通院などのライフステージに応じて、社員が能力やスキルを活かして、働き続けられる環境や勤務体系が整備されているか。

4－2：外部リソースを活用した学び

職場では学びにくい最先端技術や新しい理論などを、外部のプログラムやオンライン学習を通じて学ぶ機会が提供されているか。

4－3：長期的なリーダー・専門人材の育成

次世代リーダーや専門的な人材を長期的に育成するための投資が行われ、組織の成長を支える継続的なスキル強化が計画的に実施されているか。

《分野5：ライフ&キャリアへの取り組み姿勢の形成支援》

5－1：人間尊重の文化と相互支援の風土

社員同士が相互にサポートし合い、絆や信頼を高められる人間尊重の文化が確立されているか。また、社員同士が互いの健康や心身の状態を気遣い、支え合う風土があるか。

5－2：仕事観の形成と納得感

社員が日々の仕事を通じて、自分自身の成長や仕事に対するやりがいを実感できるような環境が整っているか。

5－3：キャリア自律の意識形成

社員が自分のキャリアを主体的に考え、必要なスキルや人間関係を強化するための支援が行われているか。

《アンケート結果の分析とパターン分類》

アンケートの結果が「数値的に良い」ことが、必ずしも「持続的な経営」を意味するわけではありません。アンケート結果と人事施策の展開により、以下の4つのパターンに分類されます。

(A) 結果が良い×施策を展開している：理想的な状態
(B) 結果が良い×施策を展開していない：理由が不明瞭でリスクあり
(C) 結果が悪い×施策を展開している：施策にズレがあり、見直しが必要
(D) 結果が悪い×施策を展開していない：予測通りで、改善の余地が大きい

数値では「(A)→(B)→(C)→(D)」の順に〝良い〟と捉えがちですが、**人的資本経営の視点では「(A)→(D)→(C)→(B)」の順に考慮することが重要です。**

(D)は施策を意図的に見送っている場合ですが、状況が変わり施策を展開すれば改善可能です。一方、(B)は要因が不明瞭なため、最もリスクが高く、環境変化によって問題が一気に顕在化する可能性があります。

《くまもとKDSグループでの取り組み》

前出（82ページ）の株式会社くまもとKDSグループでは、2023年9月に「人材活躍5分野15項目」診断を全従業員対象に実施しました。

その結果をもとに、各階層（経営者、部長、課長・係長、入社3〜5年目）の従業員へのヒアリングを通じて、以下の課題が浮き彫りになりました。

本質的な課題

・スピード感の不一致：永田社長のスピード感に従業員が追いつけない。
・事業展開への不安：既存事業である「教習所」とのズレを感じる社員の存在。
・人材像の不明確さ：新規と既存で求められる「人材像」の共通点と違いが不明確。

これらの課題は、アンケート結果にも反映され、《分野1：ビジョンと人材像の実践》に関するポジティブな回答が、項目ごとに低下していることが確認されました。

1−1：明確なビジョンと人材像の共有（85・00％）
1−2：採用・評価基準へのビジョンの反映（51・67％）

1－3：ビジョンと人材像の浸透と実践（41・67％）

これを受け、永田社長には、社内の会話や朝礼、会議など様々な場面で、会社のビジョンである「いのちをまもる、はぐくむ、つなぐ」を意識的に伝えるようお願いし、私が担当する研修でも、その点を意識した対話型のプログラムを中心に展開しました。

その結果、1年後の2024年9月に再実施した同アンケートでは、次のような改善が見られました。

1－1：明確なビジョンと人材像の共有（82・76％、昨年とほぼ同じ）

1－2：採用・評価基準へのビジョンの反映（65・52％、昨年比13・85％の改善）

1－3：ビジョンと人材像の浸透と実践（63・79％、昨年比22・13％の改善）

長年の課題解決へ向けた〝新たな取り組み〟

ビジョンの浸透や事業への理解が進むことで、**経営者側と従業員側だけでなく、部署間や役職間、さらには年代を超えて「不一致」「不明瞭」「不安感」などが軽減され、**「人材活躍5分野15項目」のうち13項目で平均10・5ポイント上昇しました。

また、自動車学校特有の運営スタイル「50分教習＋10分休憩」に起因する職場内のコミュニケーション不足も、長年「仕方がない」とあきらめ気味でしたが、この1年間の取り組みにより、職場の雰囲気が大きく改善されました。その変化が従業員アンケート結果にも反映されたことで、永田社長をはじめとする経営陣は、自信を深めることとなりました。

この結果を踏まえ、《分野5：ライフ&キャリアへの取り組み姿勢の形成支援》をさらに改善するため、**2024年10月からは「共有と教養」の時間を設け、毎月3時間の教務を休止して社員同士の対話や学びの場を提供する新たな取り組みを開始しています。**

このように、「人材活躍5分野15項目」診断などの客観的なアプローチを活用することで、企業は〝従業員一人ひとりの活躍具合〟と〝事業の総合的な発展度合い〟を把握し、戦略の見直しや改善を進めることができます。

また、人的資本経営はＥＳＧ（環境・社会・ガバナンス）の観点からも重要であり、長期的な企業価値の向上にもつながります。

第4章

経験を成長・成果につなげて組織を変える――「経験の資本化」

1 「経験を糧に…」って、本当にできている？ ヒントはゲームの世界に

第4章は、本書の核となる部分です。「経験の資本化」を中心に、個人や組織の成長を加速させる方法について説明していきます。

この「経験の資本化」とは、日々のライフ&キャリアから得ているはずの「経験」を見過ごすのではなく、しっかりと〝振り返る〟ことで「可視化→言語化→資本化」するためのフレームワークです。

特に、**図表4－1**の「ロミンガーの法則」が示すように、リーダーシップの70％は日々の業務から得られる「経験」によって成長するとされていますが、その経験を効果的に活かすには振り返りとフィードバックが不可欠です。単に経験を積むだけではなく、それを「資本化」し、個人と組織の両面における〝成長の糧〟として活用する必要があります。

「ロミンガーの法則」と経験の活かし方

ロミンガーの法則では、リーダーとしての成長に必要な要素の70％が「日々の業務から得た経験」に基づいているとされています。残りの20％が「フィードバックや他者からの指

図表4－1　ロミンガーの法則

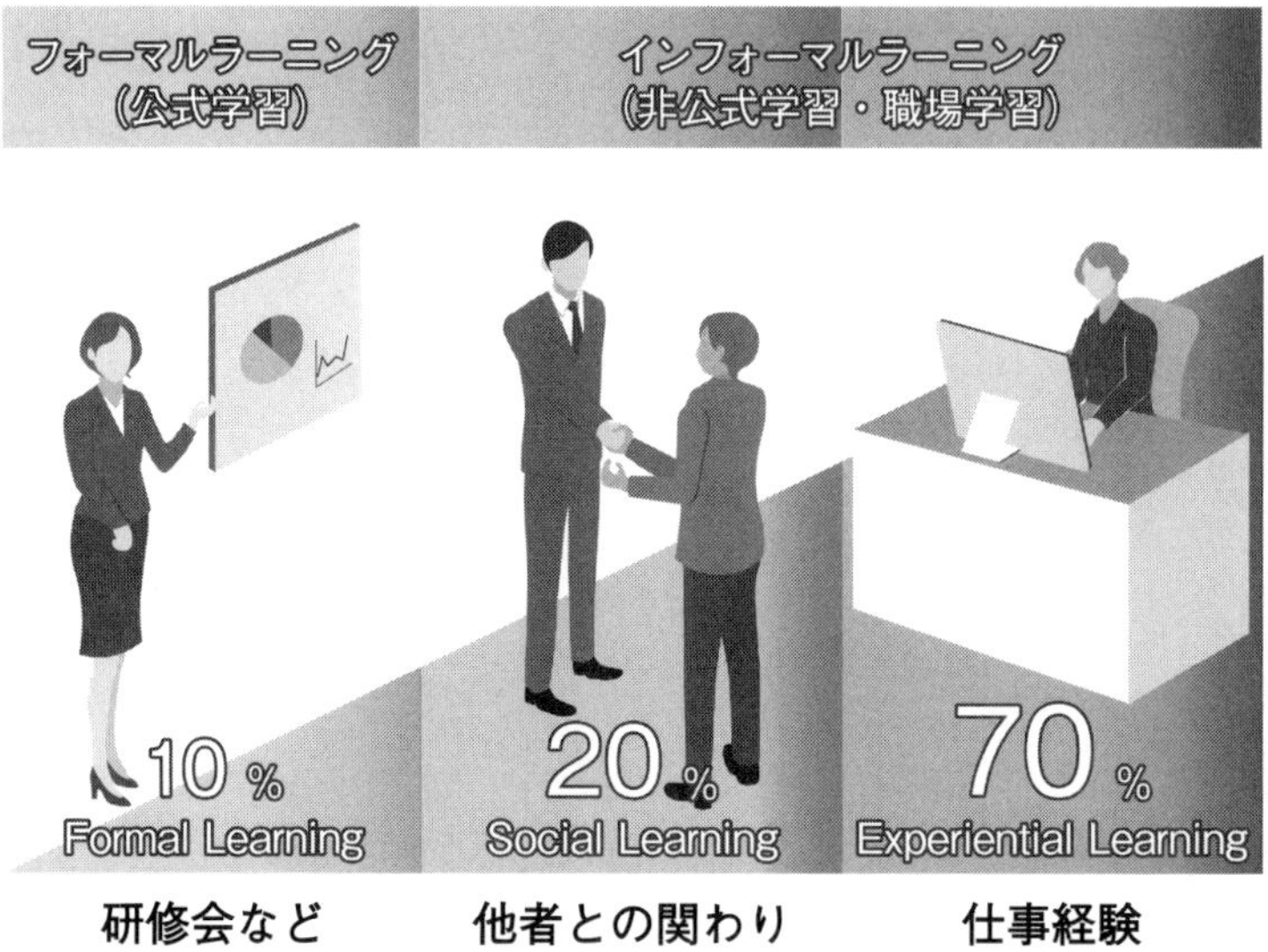

導」によるもの、10％が「研修や学習」によるものです。

このデータは、業務の中で得た「経験」がリーダーや従業員の成長において極めて重要な役割を果たしていることを示しています。

それと同時に、ただ「経験を積む」だけでは成長に直結しないという課題も浮き彫りにしています。

つまり、「経験を資本化」するためには、その価値をしっかりと「振り返り」そして「フィードバック（社会関係資本）」を通じて、個々人や組織全体の成長につなげていくことが不可欠なのです。

ゲームから学ぶ「経験の資本化」メソッド

経験の資本化を理解するうえで、ゲームの世界から得られるヒントは非常に有用です。例えば、「ドラクエ」や「パワプロ」「信長の野望」といったゲームでは、プレイヤーが行った行動のほとんどが「経験値」として蓄積され、それがキャラクターの様々な能力や国力のパラメータ、そして、チーム全体の成長に反映されます。

このように、**ゲームの中ではすべての経験が資本化され、成長を実感できる仕組みが整っています。しかし、日常生活では「経験は自動的に資本化されない」のです。**この考え方をビジネスの現場に応用し、業務で得た経験をただの出来事として終わらせずに振り返り、可視化・言語化・資本化することで、個人や組織の成長に直結させることができます。

経験を「3つの視点」で資本化する

経験を資本化するためには、「人的資本」「社会関係資本」「心理的資本」の3つの視点から振り返ることが有効です。このアプローチにより、経験を多面的に捉え、その価値を最大限に引き出すことが可能になります。

1　人的資本（Human Capital）：何を知っていて、何ができるか？

個人の能力やスキルなどを指します。教育や訓練そして日々の仕事を通じて高められます。そのほかにも、知識やノウハウ、アイデア、情報などが含まれます。**「どのような能力・スキルが強化されましたか？」といった問いかけが有効です。**関連ワードとして、能力、知識、技術、コツ、持ち味、ノウハウ、アイデア、情報などがあります。

2　社会関係資本（Social Capital）：誰を知り、誰とつながっているか？

職場の信頼関係や社内外の協力体制などを指します。組織の生産性向上に欠かせない要素で、人間関係、上司と部下の信頼、相互支援の組織風土などが含まれます。**問いかけとして、「どのような関係性・信頼が強化されましたか？」などが有効です。**関連ワードとして、職場や取引先での人間関係、上司と部下の信頼、社内外のネットワーク、相互支援、感謝の企業文化、家族や友人などがあります。

3　心理的資本（Psychological Capital）：前向きな心をどう保つか？

自信や希望を持って仕事に取り組む精神状態を指します。ストレスマネジメントや前向きな姿勢でパフォーマンスを高めるもので、自信、希望、体調、自己効力感、愛着や貢献意欲などが含まれます。**「自信を得たり、体調や気分が良いと感じたことは何ですか？」などの問いかけがあります。**関連ワードとして、自信、希望、健康、調子（体調含む）、気分、自己効力感、レジリエンス（逆境に対する耐性）、愛着や貢献などがあります。

実際の導入事例：季節の成長実感3×3シート

では、どのようにすれば「経験」を「可視化↓言語化」そして「資本化」までもっていけるのでしょうか？　理想では、日々の「振り返り」で行うのがベストですが、多くの企業では、社員が1on1ミーティング前に「季節の成長実感3×3シート」（図表4－2）を活用し、過去3カ月の経験を振り返ります。

このシートを使うことで、経験が3つの資本（人的資本、社会関係資本、心理的資本）のどれにつながっているかが明確になり、上司と部下の対話が具体的かつ効果的になります。

導入した企業では、社員が振り返りを前向きに捉え、安心して対話ができるようになったとの声が寄せられています。さらに、**管理職側でも「部下を資本として客観的に捉えることで、感情的にならずに支援できるようになった」という喜びの声が寄せられています。**

このように、経験をしっかり振り返り、可視化・言語化・資本化することは、〝個人の活躍〟と〝事業の発展〟、そして〝組織の成長〟において極めて重要です。

図表4－2　季節の成長実感３×３シート（３つの資本×３カ月）

会社名	職場の SDGs 研究所（沖縄人財クラスタ研究会）
お名前	白井　旬

◆2024 年7～9月の間で、ご自身のライフ&キャリア（24 時間 ×3カ月）において、ポジティブ・ネガティブだと感じたことを振り返ってみましょう。点と点を線でつないで折れ線に。

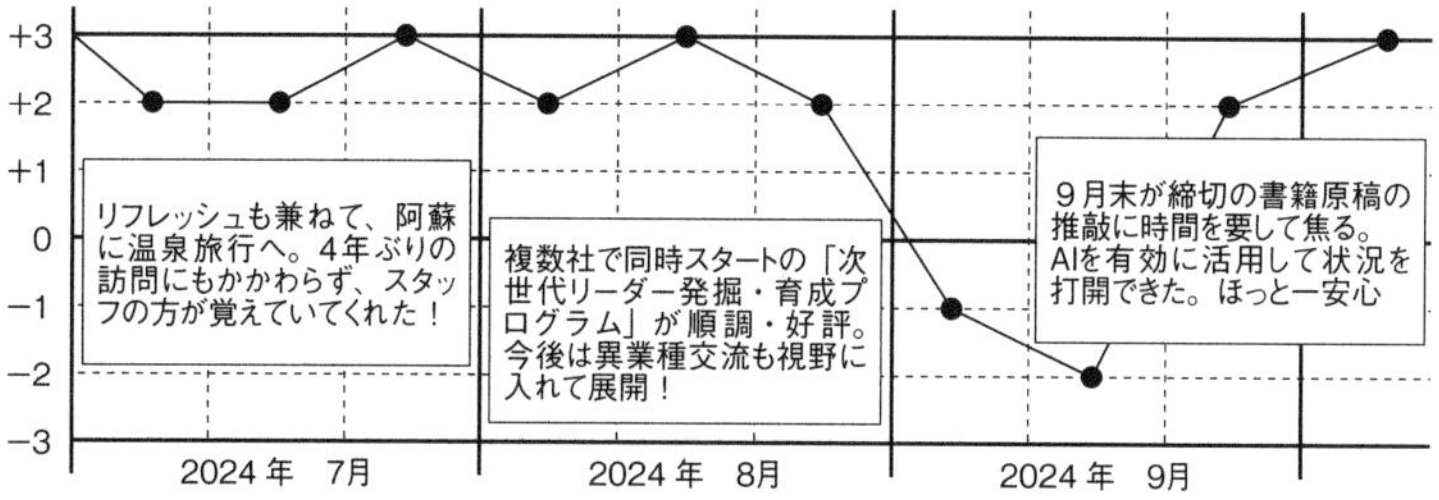

◆人的資本（能力、知識、技術、コツ、持ち味、ノウハウ、アイディア、情報など）に変化があったこと。

大学２年時に研究した「トヨタ生産方式」を、管理職研修の準備で 30 年ぶりに勉強。当時はピンとこなかった部分も、今回は「なるほど！」と腑に落ち、新たな発見があった。これまでの様々な経験、経営者・管理職・人事としてのキャリアが、今の自分に活きていると実感した。

◆社会関係資本（職場の関係性、社内外ネットワーク、承認・感謝・支援など）に変化があったこと。

情報工房がコーカスのコンタクトセンター事業を引き受けたと聞いて、「社会関係資本」の力を感じた。人生３冊目の書籍原稿が無事完成！　今回も合同フォレストの山崎さんに編集をお願いし、安心感抜群。最後まで試行錯誤に付き合っていただき、本当に感謝です！

◆心理的資本（自信、希望、気持ち、調子・体調、レジリエンス、愛着や貢献など）に変化があったこと。

KIRECA オオツカ（コスメ）が、ブランド統合型の新規店舗をオープン。オープン当日に台風直撃のハプニングを乗り越え、少しずつ軌道に乗っている。リーダー研修では、「経験資本化ガイディング」を実施。課題が解消される中で表情も明るくなり、心理的資本の向上を実感した。うれしい！

2 「ドラクエ」「パワプロ」「信長の野望」が教える「楽しさ」の理由

これまで述べてきた「個人の活躍＝能力×状態」や「事業の発展＝人的資本×社会関係資本×心理的資本」の方程式は、先にご紹介したような人気ゲームにも当てはまります。**ゲームの本質的な楽しさは、これらの資本を活用し、成長を実感するプロセスにあります。**

例えば、「パワプロ（パワフルプロ野球）」では、試合やトレーニングで得た経験値で選手の走力や打力などが強化されます。しかし、**選手の調子（心理的資本）が悪いと、能力が高くてもパフォーマンスに影響がでます。**また、監督と選手間の信頼（社会関係資本）が弱いと、監督のサイン（指示）通りに、選手が動いてくれないこともあります。

「信長の野望」では、限られた土地であっても、技術開発（人的資本）によって国力を強化できます。**ほかの大名との同盟や協力関係、民の忠誠度も「社会関係資本」に該当します。**戦闘時、兵士の士気（心理的資本）が低いと、戦意が失われ、戦闘力が下がります。

「ドラクエ（ドラゴンクエスト）」では、**冒険で得た経験値でキャラクターをレベルアップ（人的資本）。**仲間との協力、町や村での会話から有益な情報を得る（社会関係資本）などがあります。

ゲームの世界も、まさしく「人的資本×社会関係資本×心理的資本」で構成されています。

「背伸びの成長」が生む、楽しさと企業への応用

ゲームの楽しさのカギは、「背伸びの経験」（少し頑張れば手が届くレベル）にあります。プレイヤーは、現時点の能力ではクリアが難しい課題に挑み、工夫し、成長を実感します。

企業でも、上司が部下の能力や状態を観察し、少し難しい仕事を任せたり、新たな役割に挑戦させたりすることで、「人的資本」を高めることができます。また、チームでの協力や適切なフォローで「社会関係資本」や「心理的資本」も強化されます。

この取り組みにより、**部下はただの作業ではなく「成長している」という実感を持てます。上司からの〝フィードバック〟がさらなる意欲を引き出し、組織全体の活力を高めます。**

スタッフ個々人の経験を意識的に「可視化・言語化」することで「資本化」が可能になります。個人における「経験の資本化」を、組織全体で行うことで、渋沢栄一が提唱する「合本主義」にもなります。

ビジネスでもゲームの世界と同じように「楽しさ」と「成長・成果」は両立可能なのです。

3 〝フィードバック〟とは「資本（糧）を与える」こと

前節で述べたように、「経験」はただ積み重ねるだけでは十分に活かされません。効果的な振り返りで「可視化・言語化・資本化」されて初めて「成長」と「成果」につながります。ゲームや映画の世界が示すのは、適切なチャレンジによる〝成長実感〟が人の意欲を引き出し、さらに「成長予感」へとつながるということです。

この「経験の資本化」を組織で実現するために欠かせないのが「フィードバック」です。**フィードバックとは、単に上司が部下に指摘や評価を伝えるだけでなく、スタッフ全員が互いに「経験を資本（糧）に変える」ための〝魔法のつえ〟のようなものなのです。**

フィードバックという言葉は、英語の〝feed〟（供給する、与える）と〝back〟（戻す）を組み合わせたものです。サッカーで「ロングパス」を「ロングフィード」と呼ぶように、フィードには「供給する」「与える」という意味が含まれています。

この言葉の起源は20世紀初頭の工学分野にあります。制御工学や電子工学で、「システムが出力の一部を入力に戻して自己調整を行う仕組み」を指していました。

例えば、温度調節器や音響機器の制御システムでは、センサーが状況（出力）を感知し、その情報をもとに動作（入力）を調整する、この一連の動きが「フィードバック」と呼ばれていたのです。

その後、この概念が広がり、現在では人の行動や組織の活動に対する反応や意見を「フィードバック」と呼ぶようになりました。

しかし、今日の職場でのフィードバックは、「ダメ出し」や「注意・叱責」が中心で、本来の「供給する・与える」という意味からはほど遠くなっています。

では、何を供給し、与えるのがよいのでしょうか？　**その答えは、〝フィードバック〟の本来の目的である、「資本（糧）を与える」ことにあります。**

「経験を〝糧〟にして…」の「糧」とは、まさに「資本」のこと。日々の経験をフィードバックによって「3つの資本」に変換し、それを返す、つまり「糧を与える」ことこそが、本来のフィードバックの姿なのです。

次節からは、この「資本化」につながる具体的な質問や声かけ、フィードバックの方法を、3つの資本別にご紹介していきます。

4 人的資本につながる「質問・声かけ・フィードバック」フレーズ

ここからは、「季節の成長実感3×3」シートなどを活用した上司と部下の「1on1」や、同僚・他部署とのグループディスカッションで使える「資本化につながる質問・声かけ・フィードバック」の参考事例をご紹介します。

これは、私が経営者や管理職との「壁打ち」相手として、次世代リーダーや若手社員とのライフ&キャリア面談、起業家育成の際に、長年意識して使ってきたフレーズをまとめたものです。

ここでは便宜上、「人的資本」「社会関係資本」「心理的資本」の3つに分類していますが、これらの資本をまたぐものも含まれています。まずは、「人的資本」につながる「質問・声かけ・フィードバック」のフレーズを見ていきましょう。

《人的資本につながる質問・声かけ・フィードバックの例》

・Aさんの「事前の○○」や「○○な行動」が結果につながったんですね!

・ノウハウを習得するために、普段から意識していることを教えてください!

・体験を通して最も「成長した」と感じられたエピソードは何でしょうか？
・Aさんの豊富なアイデアは、普段の○○な生活から生まれてくるんですね！
・これまでの知識や経験の中で、新しい部署でも活かせるものはありますか？
・○○なところがAさんの「持ち味」で、様々な場面で活用されていますね！
・うまくいかなかったことも含めて「部分的な成功」として捉えてはいかがですか？
・今回のプロジェクトでの経験を「今後の業務や人生に活かせる」としたら、どんなことでしょうか？

《特徴とポイント》

これらの質問や声かけは、具体的な行動やプロセスに焦点を当てることで、相手が自身の保有する能力やスキルを再認識できるようにしています。また、**結果ではなくプロセスを強調することで、「何が成長につながったのか」を理解し、自己効力感**（**心理的資本**）**を高めることもできます。**

さらに、失敗を「部分的な成功」として捉え直し、自己否定を和らげるなどポジティブな視点を取り入れているのも特徴です。未来志向の問いかけを通じて過去の経験を振り返り、「今後どう活かすか」を考えさせることで、人的資本の長期的な発展を促します。

5 社会関係資本につながる「質問・声かけ・フィードバック」フレーズ

次に、「社会関係資本」につながるフレーズです。社会関係資本は、職場での信頼関係や社内外のネットワークなどを指し、組織のパフォーマンス向上に欠かせない要素です。

《社会関係資本につながる質問・声かけ・フィードバックの例》

・今回のプロジェクト成功で「最初にお礼を伝えたい」のは誰ですか？
・職場でのコミュニケーションで最も大切にしていることは何ですか？
・Aさんが部屋に入ってくると職場全体がパッと明るく元気になりますよね！
・ＳＮＳを活用したＷｅｂ展開で多くの人を巻き込めた理由は何だと思いますか？
・今回の案件、どのようなサポートがあれば、Aさんらしい対応ができましたか？
・Bさん（Aさんが苦手意識あり）の自分にない強みはどんなところだと思いますか？
・趣味などのネットワークが「仕事にも活かせた」と感じたエピソードはありますか？
・その「幅広いネットワーク」や「良好な関係性の構築」の秘訣をぜひ教えてください！

《特徴とポイント》

これらの質問は、人間関係や信頼の構築に焦点を当てています。具体的な人との関わり方や周囲への影響に言及することで、相手が自分の社会的役割やネットワークの価値を再認識できるよう促します。

また、**「誰にお礼を伝えたいか？」といった感謝や共感を引き出す問いかけにより、協力・信頼関係を振り返り、他者とのつながりを意識させます。**

こうしたフィードバックは、相手に自身の影響力や他者の良さを気づかせ、チームの信頼関係や相互支援を後押しします。結果として、社会関係資本の質が向上し、組織全体の生産性と連帯感が高まります。

さらに、他者との関係性を前向きに捉え、広げていく視点を提供する声かけが多いのも特徴です。**「Aさんが職場を明るくしている」や「Bさん（Aさんが苦手意識あり）の強みはどこか？」などの問いは、自分の影響力、そして他者の良さにも目を向けさせる効果があります。**

これにより、チーム内での信頼関係や相互支援の意識が高まり、社会関係資本の構築を後押しします。

6 心理的資本につながる「質問・声かけ・フィードバック」フレーズ

3つ目は、「心理的資本」につながるフレーズです。心理的資本とは、自信や希望、自己効力感、貢献意欲など、前向きな精神状態を指します。**ストレスマネジメントや前向きな姿勢でパフォーマンスを向上させるものであり、その前提となる健康・体調も含みます。**

《心理的資本につながる質問・声かけ・フィードバックの例》

・Aさんの画期的なアイデアを聞いていると私までワクワクしてきます！
・今回のクレームの件、私があなたでも同じように行動をしたと思います。
・「○○といえばAさん」という個人ドメイン（代名詞）は何がいいですか？
・仕事をしていて「内側から自然とチカラが湧いてくる」のはどんな時ですか？
・成功へ向けての試行錯誤がAさんの今後の人生にとって大きな糧になりますね！
・自社で求人があった際、家族や友人・知人に対し、お勧めするところはどこですか？
・半年間のプロジェクトリーダーという役割で「最も自信を深めた」ことは何ですか？
・これまでで「ありがとう」と言われて、特に、うれしかったのはどんな場面でしたか？

《特徴とポイント》

これらの質問・声かけは、相手の自信やポジティブな感情に焦点を当て、「成功体験」や「やりがい」を引き出すものです。**こうしたアプローチにより、相手が「自分は価値がある」と感じ、自己効力感や将来への希望を育むことができます。**

また、行動や考えに共感し、認められているという安心感を与えることで、不安やストレスを軽減し、前向きな思考を強化します。

自己認識を深める問いかけは、成長の振り返りと次のステップへの意欲を引き出します。他者との関わりやチームでの成功（社会関係資本）に焦点を当てた質問も多く、これらのフィードバックは、相手の心理的資本を高め、ポジティブな挑戦をサポートします。

「経験資本化」フィードバックでは、「具体性・ポジティブ視点・自己認識・未来志向」を意識することで、「3つの資本」が相互に強化され、「個人の活躍＝能力×状態」や「事業の発展＝人的資本×社会関係資本×心理的資本」の方程式が示す通り、組織全体のパフォーマンス向上につながります。

7 「失敗やトラブル」の振り返りには"タイムマシン"が効果的

フィードバックとは、「資本（糧）を与える」ことです。普段から「具体性」「ポジティブ視点」「自己認識」「未来志向」を意識することが重要だとわかっていても、**「失敗」や「トラブル」の振り返りでは、つい「ダメ出し」や「注意・叱責」に偏ってしまいがちです。**

さらには、「俺たちの時代は…」といった武勇伝が出てくることも。これでは、前向きな振り返りが難しくなります。

そんな時に使える**効果的なフレーズが、「タイムマシンを使えるとしたら、どのタイミングまで戻る？」です。**お笑いコンビ「ぺこぱ」の松陰寺さんが「時を戻そう！」と言うのに似た感覚です。

失敗やトラブルには、必ず何かしらの予兆や原因となる瞬間があるものです（もちろん、予期しないケースもありますが）。例えば、「お客様から3日連続で確認依頼があった」とか、「再チェックすべきだと思ったけど、忙しくて忘れてしまった」などです。

部下もその予兆や原因を把握・認識していることが多いので、「どのタイミングまで戻る？」と聞けば、自然と答えが返ってくる確率が高まるでしょう。

そこで少し間を置いて、「その瞬間が再び訪れたら、どんな対策ができる？」と続けて質問します。これにより、相手自身が次の対策を考え始めるきっかけをつくり、ポジティブに振り返ることができます。

この「タイムマシン」のアプローチで一度過去に立ち戻り、そのシーンを再現しながら未来に向けた問いかけをすることで、「失敗」や「トラブル」を次の「成長の糧」に変えること、つまり「経験の資本化」ができるようになるのです。

ただ指摘するのではなく、相手に振り返りと改善策を考えさせることで、その経験が「人的資本」「社会関係資本」「心理的資本」へと変わり、次の行動につながります。

これこそが、「ダメ出しフィードバック」から「経験資本化フィードバック」への大きな転換であり、「経験を資本（糧）に変える」大切な一歩なのです。

8 大人の成長は見えにくい? 〝成長〟は最大のエンターテインメント

赤ちゃんや子どもの成長は、「ハイハイからつかまり立ち」「逆上がりの成功」など、自身も周囲も分かりやすいものです。しかし、大人になると劇的な成長の機会は少なくなり、自分でもその実感を得にくくなります。**新入社員時や部署異動など、新しい経験を積む時期には「成長」を感じやすいものの、仕事に慣れるにつれてその感覚は薄れてしまいます。**

以前述べた「人材滞留企業」や「人材流出企業」では、従業員が仕事での成長を感じられず、「働きがい」を失うケースが多いのが現状です。特に若手エースの突然の退職(〝びっくり退職〟)の背景には、「この会社では成長できず、将来が不安」といった声が聞こえてきます。

「成長」が企業経営に重要な理由

慶應・高橋教授によると、従業員の「働きがい」に関わる3つの要素は次の通りです。

①成長実感:今、自分が成長していると感じること。

② 成長予感：3年後の自分の成長がイメージでき、キャリアステップが明確であること。目標とする上司や先輩の存在も重要となります。

③ 仕事への誇りや会社への愛着：会社を家族や友人に自信をもって勧められること。

この3つのうち、2つは直接「成長」に関わるものです。また、「仕事への誇りや愛着」も、個人と組織の成長に大きく影響されています。**これらの要素を充実させるためにも、企業は従業員が「成長」を実感できる環境や仕組みを整えることが重要です。**

成長は〝最大のエンターテインメント〟

ゲームの楽しさのカギが「背伸びの成長」にあるように、映画の世界でも「成長」はエンターテインメントの重要な要素です。映画**「ロッキー」「スターウォーズ」「ハリーポッター」をはじめとした、多くの作品が主人公の成長を描いています。視聴者は、主人公が少しずつ成長していく姿に共感し、その物語を楽しむのです。**

企業での成長も、こうしたエンターテインメントに似ています。挑戦を乗り越えるたびに得られる「成長実感」が、働く人のやりがいや喜びにつながるのです。しかし、なぜ成長を感じると楽しく、充実感を得られるのでしょうか？

成長と体内物質（ホルモンと神経伝達物質）の関係性

その一因として、136ページ「心理的資本を高める『オキシトシン的承認（行動承認）』」でも紹介した体内物質（ホルモンと神経伝達物質）との関係が挙げられます。**達成感や爽快感、自己成長、さらに連帯感や絆などを感じた時には、脳内でいくつかの物質が分泌され、私たちの気持ちに影響を与えます。**次の4つが代表的な例です。

①ドーパミン：「報酬」や「やる気」に関わる神経伝達物質で、目標を達成したり、成長を感じた時に放出されます。仕事で成功したり、スキルが向上するなど、「達成感」を覚える時にこの物質が分泌され、さらなる意欲を引き出します。

②エンドルフィン：「幸福感」をもたらすホルモンで、ストレスや痛みを和らげる効果があります。特に運動や成功体験を通じて放出され、喜びや心地よさ、リラックス感をもたらします。運動後の爽快感や心の開放感は、エンドルフィンの働きによるものです。

③オキシトシン：「絆」や「信頼」に関わるホルモンで、他人とのポジティブなつながり

や協力、チームとしての成長の中で分泌されます。特に仕事でチームの連帯感を感じたり、仲間と目標を達成したりした時に放出され、幸福感や安心感を高めます。

④セロトニン：感情の安定や満足感に寄与する神経伝達物質です。達成感を得た後の「落ち着き」や「充足感」をもたらす働きを持っています。日光を浴びたり、適度な運動をしたり、リラックスできる散歩をすることが分泌を促し、心と体の調和を保つ役割を果たします。このように、セロトニンは「安定した幸福感」を支える鍵となる物質です。

ここでも重要なのが、「経験の資本化」と「成長は最大のエンターテインメント」の両輪を組織で回すための〝フィードバック〟です。効果的なフィードバックを通じて経験を振り返り、**〝見えにくい大人の成長〟を「可視化・言語化・資本化」するプロセスが、個人の成長とモチベーション、組織の連帯（エンゲージメント）と推進力を高めていくのです。**

9
ワーク

「成長実感プレゼン」で"心理的資本"が劇的アップ！

ワーク「成長実感プレゼン」は、社員が自身の成長を振り返り、他者に共有することで主に「心理的資本」を強化するものです。自分の成長を他者に伝え、承認やフィードバックを受けることで、自己肯定感や楽観性といった「心理的資本」が高まり、加えて、組織内外の様々な「社会関係資本」の向上にもつながります。また、**このワークはキャリア自律を促進し、組織全体のエンゲージメント向上にも寄与します。**

熊本トヨタ自動車では、社内留学プログラムの中で3日目と最終日に実施し、効果を発揮しています（124ページ）。

「成長実感プレゼン」の目的

大人になると、日常で劇的な成長を実感する機会は少なくなります。しかし、成長を実感できないと、働きがいやモチベーションの低下につながりかねません。

このワークでは、過去の経験を振り返り、自分の成長を可視化し、言語化して他者に共有することで、自己成長（人的資本の向上）を実感します。

加えて、これにより、個々の「心理的資本」が高まり、さらに仲間とのつながりを深めることで、「社会関係資本」の強化も図れます。**こうした取り組みは、「経験の資本化」を加速させ、組織全体の人的資本を豊かにするための重要なメソッドです。**

ワークの基本条件

・所要時間：プレゼンの持ち時間は5分。成長実感は3つに絞り込んで発表します。
・使用道具：プレゼンにはスケッチブックやA４用紙を使用し、パワーポイントや電子機器の使用は禁止とします。**あえてアナログな手法を使うことで、内容の本質に集中し、自分の言葉で伝えることを狙っています。**

「成長」の定義

プレゼンにおける「成長」の定義は次の3つです。

1　できなかったことができるようになった。
2　できていたことが、さらに効果的・効率的にできるようになった。
3　新しい考え方や行動パターンを手に入れた（考え方や行動が変わったこと、できないことを認識することも「成長」に含む)。

ワークの手順(5分バージョン)

ステップ1 成長実感のナンバリング

プレゼンの冒頭で「私が成長を実感したことは3つあります」と宣言し、成長ポイントをナンバリングします。これにより、聴き手(ほかの参加者)に話の全体像を示し、注目すべきポイントを明確にします。

例「今回の『社内留学』で成長を実感したことは3つあります。1つ目は○○、2つ目は○○、3つ目は○○です」(所要時間:約30秒)

ステップ2 成長実感の詳細説明

3つの成長実感について1つずつ説明します。それぞれの成長について、具体的なエピソードを交えて伝えることで、聴き手に臨場感と説得力を持たせます。

このプロセスで、**成長をエピソードを交えて語ることにより、自身の成長をリアルに捉えることができます。**

例「1つ目の〇〇についてですが、私が〇〇をしていた時に感じたことは…」（所要時間：各エピソード約60秒×3＝180秒）

ステップ3　今後の成長に関する目標設定

プレゼンの最後には、これまでの成長を踏まえて今後の目標を発表します。自身の成長をどう活かし、次にどのようなステップを踏むのかを明確に伝えましょう。

例「これらのことを踏まえて、私は今後〇〇を意識して、◎◎のような成長を目指します」（所要時間：約90秒）

プレゼン時のサポート体制と留学後のフォロー（社内留学の場合）

・受け入れ側のサポート

所属長や受け入れ担当者は、プレゼンの内容を事前に確認し、受け入れ側の店舗・部署スタッフの前で留学者がスムーズに発表できるようにサポートします。その際に「経験の資本化」も意識してサポートするとさらに効果が高まるでしょう。

・送り出し側のフォロー

社内留学から戻ったスタッフの「成長実感プレゼン」を聴くための時間を留学後3日以内に設定します。これにより、社員の成長を適時に承認し、次のキャリアステップに対するモチベーションを維持します。

「成長実感プレゼン」の効果とキャリア自律へのつながり

1 心理的資本の向上

成長を実感し、他者からの承認を受けることで、自信や楽観性などが高まります。これにより、困難な状況にも前向きに取り組む姿勢が養われます。

2 社会関係資本の強化

プレゼンを通じて自分の成長を他者と共有することで、共感や信頼が生まれ、チームの絆やつながりが深まります。これが、組織全体の社会関係資本を高め、エンゲージメントの向上にもつながります。

3　キャリア自律の促進

プレゼンで成長を振り返り、今後の目標を設定することは、キャリア自律の一環です。**「計画された偶発性理論」で重要とされる「好奇心」「持続性」を実践することで、自らの成長を主体的に捉え、次のステップに向けた行動計画を立てられます。**これにより、個々のキャリア意識が高まり、組織全体の成長を加速させます。

フォローアップと効果測定

プレゼン後は、上司やチームから継続的なフィードバックを行い、目標達成に向けた行動を支援しましょう。さらに、ワーク前後にアンケートやエンゲージメントスコアを測定して、「心理的資本」や「社会関係資本」の向上を評価します。これにより、ワークの効果を可視化し、組織全体で成長を実感するサイクルを生み出します。

まとめ　フィードバックで〝成長〟をエンターテインメントに

成長は最大のエンターテインメントです。このワークを通じて、自己成長を共有し、承認を受けることで心理的資本と社会関係資本を高め、キャリア自律を促進します。組織全体で成長を楽しむ文化をつくり、持続的な人的資本経営を実現しましょう。

第5章

これからの「戦略人事の役割」と「人的資本開示」

1 時代を駆け上がる「軽トラ型組織」と戦略人事「8つの役割」

急速に変化するビジネス環境では、組織の「柔軟性」と「機動力」が成功のカギを握ります。従来の「大型トレーラー型」組織は、トップダウンの意思決定や複雑なプロセスによって変化への対応が遅れがちです。運転席に対して荷台が遅れてくるイメージです。

一方、**「軽トラ型組織」は、小回りが利き、迅速かつ柔軟に対応できるのが強みです。規模の大小に関係なく、大企業もこの軽快さを持つことが求められ、中小企業においては、これがまさに成功のための重要な要素となります。**

この「軽トラ型組織」を支えるには、戦略的な人事機能が不可欠であり、経営と現場をつなぐ戦略人事（管理職や外部人材が担う場合もあり）としての多面的な役割が重要となります。次に紹介する「8つの役割」（図表5－1）を通して、組織は柔軟さと強固な基盤を兼ね備え、急激な変化の中でも「時代を駆け上がる」ことができるのです。

図表5－1　戦略人事・管理職・外部人材に求められる「8つの役割」

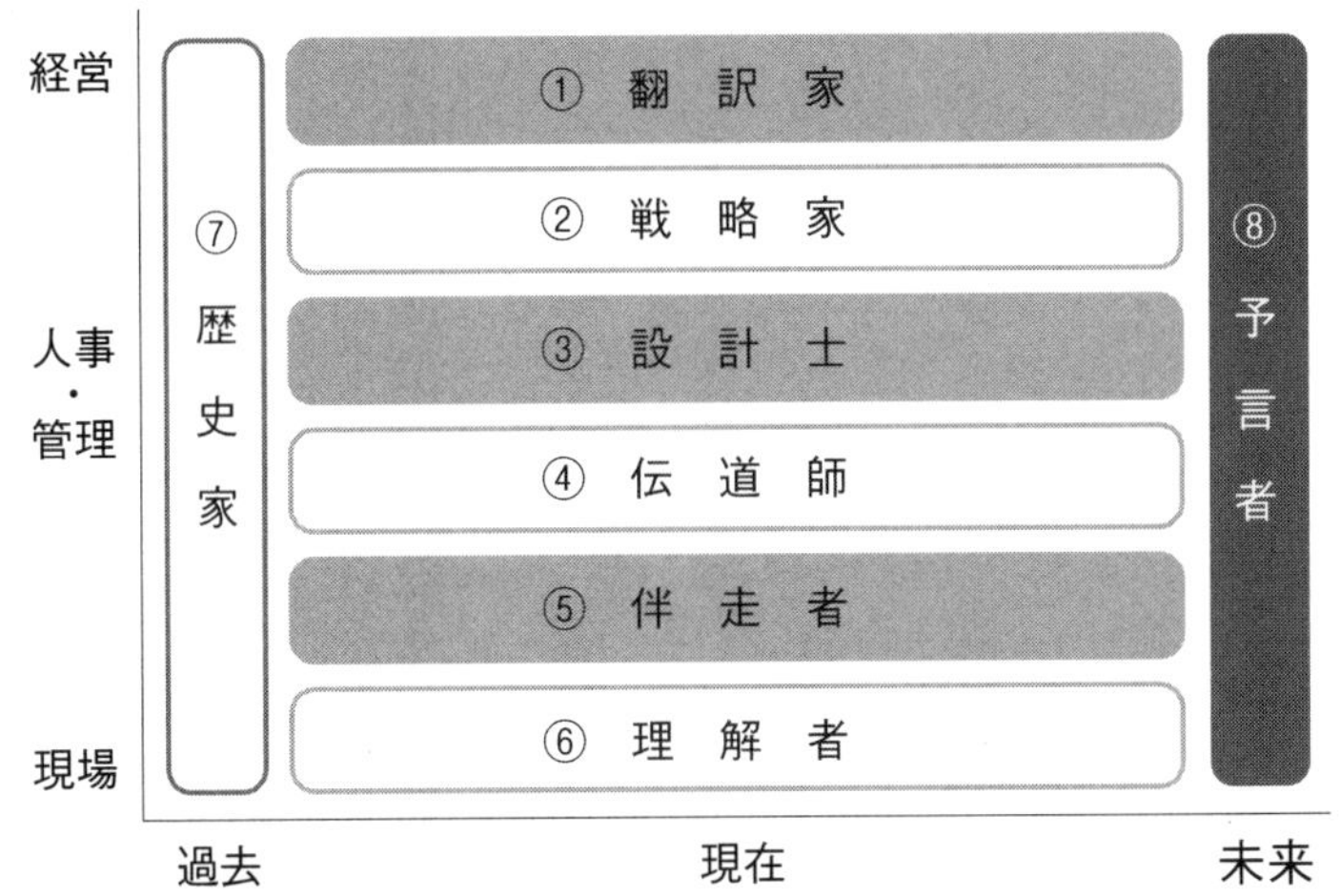

戦略人事（管理職や外部人材が担う場合もあり）に求められる「8つの役割」

①翻訳家：経営者のビジョンを言語化し、現場にわかりやすく伝える

経営者のビジョンや理念が抽象的なままでは、現場に伝わりにくいことがあります。**「翻訳家」の役割は、それを現場が理解できる具体的な言葉や行動に置き換え、経営と現場のギャップを埋めることです。**ほとんどの企業では「翻訳家」が不在です。

②戦略家：経営戦略と人事戦略を結びつける。目的と目標を注視する

「戦略家」の役割は、経営戦略に基づいて人事戦略を設計し、各部署の役割を調整します。経営環境の変化に柔軟に対応しながら、

中長期的な人材計画を策定し、目標の進捗を定期的に見直し、必要に応じて戦略を修正することが求められます。

③設計士：従業員が持続的に活躍できる職場をデザインする

「設計士」の役割は、従業員が成長し、最大限に活躍できる職場環境や仕組みをつくることです。リーダーシップ育成やスキル向上の研修などを設計し、チームビルディングやコミュニケーション活性化施策を導入し、「働きやすさ×働きがい」のある職場をデザインします。

④伝道師：経営者の理念を信念をもって伝え、実践的な行動を促す

「伝道師」の役割は、経営者のビジョンを社員に情熱的に伝え、全体のモチベーションを高めることです。理念をただ伝えるのではなく、全社の一体感を醸成し、**社員が具体的に行動へ移すよう促し、全員が共通の目的・目標に向かって動き出す流れをつくります。**

⑤伴走者：経営層や従業員に寄り添い、成長をサポートする

「伴走者」の役割は、経営者から従業員まで、すべての人をサポートすることです。従業員のキャリア設計を助けたり、管理職の悩みに耳を傾け、解決策を共に模索します。山岳ガイドのように、組織の成長を一緒に見守り、支え続けます。

⑥理解者：現場のよき理解者となり、現場感情を経営課題に変換する

「理解者」の役割は、現場の声を吸い上げ、経営層に感情論ではなく課題として伝えることです。**従業員の悩みや現場の課題を、経営課題として的確に分析し、経営者にフィードバックすることで、現場と経営の橋渡しを行います。**

⑦歴史家：企業の歴史や経営者の経験を活かし、経営資源として活用する

「歴史家」の役割は、企業の歴史や経営者の経験から、組織の強みを見つけ出し、それを経営の資本として活用することです。創業ストーリーや過去の成功例を掘り起こし、組織のアイデンティティや経営者の判断基準を明確にして、戦略に活かします。

⑧予言者：未来を予測し、今後の可能性を具体的に示す。時には、指摘も

「予言者」の役割は、業界トレンドや顧客ニーズを把握し、将来のリスクやチャンスを予測する役割です。**企業が未来に備えて成長できるよう、必要なアプローチを提案し、時にはリスクについての指摘も行います。**

変化の時代に求められる、本物の「両利きの経営」とは

当法人が提唱する「軽トラ型組織」は、その機動力と柔軟性を活かして、急速に変化するビジネス環境に対して迅速に適応し、持続的な成長を実現できる組織モデルの一つです。

このモデルは、「探索」と「活用」の概念を初めて提唱したジェームズ・マーチ。そして、その概念を基盤として、マイケル・タッシュマンとチャールズ・オライリーが提唱した「両利きの経営」にも理想的にマッチします。**「両利きの経営」とは、「既存事業の深化」と「新規事業の探索」を同時に進める戦略であり、極論をいうと、全社員・全部署が、既存事業と新規事業を同時に扱うイメージです。**

しかしながら、日本企業では新規事業が特定の部署（例えば、経営企画室や新規事業開発室など）に集中しがちで、組織全体が柔軟に対応できないことがよくあります。これでは、変化への素早い対応やイノベーションが阻まれることが多いのです。

この「軽トラ型組織」は、フラットな構造と小回りの利く体制が特長で、経営層と現場が

密接に連携することで、現場のアイデアを即座に経営に反映し、迅速な意思決定が可能です。現場の声が経営にスムーズに届くため、現場の課題やチャンスをいち早く捉え、即座に行動に移すことができます。

これにより、既存事業と新規事業の間でスムーズな切り替えが実現し、現状と未来の両方にバランスよく対応することができます。現代のビジネスにおいて、生き残るのは「大型トレーラー型組織」ではなく、このような柔軟な「軽トラ型組織」なのです。

ただし、「軽トラ型組織」を成功させ、「両利きの経営」を実現するためには、人的資本を単なるデータの開示に終わらせるのではなく、経営に効果的に活かすことが不可欠です。しかし、**実際には、「なんちゃって人的資本開示」にとどまっている企業も多く、真の人的資本経営には至っていません。まるで、「なんちゃってSDGs」の再現です。**

次節では、この課題に踏み込み、真に人的資本を経営の中心に据えるための具体的な方策を探っていきます。人的資本を成長戦略にどう結びつけるかが、持続可能な成長のカギとなるのです。

2 なんちゃって人的資本？〝開示〟をしても〝人的資本経営〟にならない理由

前節では、「戦略人事に求められる8つの役割」や、現代における「軽トラ型組織」の重要性について解説してきました。そして、組織の持続的成長を実現するためには、人的資本への投資や運用が欠かせないこともお伝えしました。

しかし、**企業現場で「人的資本開示」と「人的資本経営」が本当の意味で連動しているかというと、まだそのようにはなっていないと感じます。**

SDGsやパワハラ予防と同じ「手段の目的化」に陥っていないか？

多くの企業が「人的資本開示」を重視し、取り組み始めているものの、その本質が見失われているケースが目立ちます。これは、近年の「SDGsブーム」で見られた「なんちゃってSDGs」の人的資本版、「なんちゃって人的資本」と言っても過言ではありません。

本来、「人的資本経営」の目的は、人を資本として長期的に投資・運用し、持続可能な経営を実現することにあります。**そのプロセスの中で、その内容を社内外に開示するのが「人**

的資本開示」のあるべき姿です。しかし、日本では「開示すること」自体が目的化してしまい、経営に活かされていないケースが少なくありません。

この状況は、法律への対応や投資家からの要請に「仕方なく対応している」という企業の姿勢に起因しています。これはまるで、2022年に「パワハラ防止法」が施行された際に、「パワハラ予防研修をして、相談窓口を設けましたので当社は万全です！」と、形式的な対応だけで済ませてしまう企業と同じです。

このように、人的資本開示の重要性が本質的に理解されず、人的資本経営と開示がまるで別々に動いているように見えます。こうした姿勢は、多くの企業経営者にとっても違和感を生む原因となっています。人的資本を経営の中心に据えるべきなのに、ただ数字やデータをまとめるだけで終わってしまう企業が少なくないのです。

おさらい　「人的資本経営」が求められる理由

では、なぜこのような「なんちゃって」的な人的資本開示が起こるのでしょうか？　**その背景には、これまでにも述べてきた「人的資本」と「人的資源」の考え方の違いが深く関係しています。**ここで、もう一度おさらいしておきましょう。

バブル崩壊後、日本企業は長らく「人的資源型の経営」を続けてきました。人を「資源」として管理・削減の対象と捉え、人材への投資をコスト削減の観点から抑制してきたのです。しかし、その結果、「人的資本型の経営」を推進してきた諸外国企業に市場シェアを奪われ、日本の経済的地位は次第に低下してしまいました。

この状況を受け、2022年には日本政府も人的資本経営へのシフトを掲げるようになりました。人的資本経営とは、人を「運用すべき資本」として捉え、長期的視点で投資する考え方です。しかし、今の日本企業の多くは「開示」にばかり注力し、「経営」への活用が十分に行われていないのが現状です。

PESTELを活用した早期対応の重要性

特に重要なのは、「PESTEL分析」（①から⑥の順で変化が起きる）などを活用し、早い段階で経営環境の変化をつかみ、対応することです。

① Political（政治的）：政府の政策、規制、税制の変更、政権交代の影響など
② Economic（経済的）：景気動向、為替レート、金利、失業率、インフレ率など
③ Social（社会的）：人々の価値観やライフスタイルの変化、人口構造・動態など

④Technological（技術的）：新技術の開発、イノベーションの普及、デジタル化など
⑤Environmental（環境的）：環境保護、気候変動、資源枯渇、エネルギー効率など
⑥Legal（法律的）：法律や規制の変更、コンプライアンス、労働法や産業法など

現在のビジネス環境では、法律（PESTELの「L」）での対処よりも、政治的・経済的・社会的な変化（PES）の影響のほうが大きく、かつ長引く傾向にあります。これらの変化に迅速に対応できる組織こそが、持続的な成長を実現できるのです。

例えば、**2022年にパワハラ防止法が施行されてからようやく「パワハラ予防」を始めた会社と、社会の流れ（人権問題）や「パワハラによるパフォーマンスの低下」などをいち早く察知して〝10年以上前から対応している会社〟とでは、対応力に大きな差が生じます。**

ここから先に進むためには、「人的資源」と「人的資本」の違いを改めて理解し、人的資本開示が「経営にどう活かされるべきか」を考える必要があります。

人的資本開示は、単なる受け身の情報公開ではなく、「経営を積極的に補完し、未来を見据えるための効果的なツール」でなければなりません。

3 人的資本開示は、効果的な「自己紹介」や「著者プロフール」と同じように書く

人的資本開示は、単なる情報公開ではなく、前節でも述べたように「経営戦略を積極的に補完し、未来を見据えるための効果的なツール」であるべきです。しかし、現状では多くの企業が数字やデータの羅列に終始しています。**重要なのは、人的資本開示を「自己紹介」や「著者プロフィール」のように、ストーリー性をもって書くことです。**

効果的なプロフィールは背景やビジョン、未来への展望を含み、読み手に共感と信頼を与えます。人的資本開示も同様に、企業が「どんな人材を育て、何を目指すのか」を伝えることが必要です。

人的資本開示が求められる背景

人的資本開示への注目は、時代の変化と経済構造の転換にあります。かつては金融資産や有形資産（建造物・設備・製品など）が重視され、経営でも人件費や研修費の削減が重要視されてきました。しかし、社会の成熟に伴い、企業には独自性や先進的なアイデアが求められ、それを生み出す原動力が人的資本とされています。

ところが、**財務三表には人的資本の具体的な内容が明示されておらず、人的資本への投資は単なる費用として扱われています。これでは、企業が人材育成にどのような目的や戦略で取り組んでいるかを把握するのは困難です。**

そのため、機関投資家や社会は、企業の人的資本の現状や未来戦略を示す「人的資本報告書」や「統合報告書」の開示を求めています。人的資本開示は、企業の成長戦略と社会的価値を示す重要な手段なのです。

効果的な「自己紹介」「著者プロフィール」と人的資本開示

では、効果的な「自己紹介」や「著者プロフィール」と同じように、人的資本開示を行うためにはどうすればよいのでしょうか？　**そのポイントは、効果的な自己紹介が「未来→過去→現在→未来」の流れで構成されていることです。**次の3つの要素が重要になります。

1　共感を呼ぶ理想の未来とそれを実現する組織像（未来）

2　安心感を与えるこれまでの実績と未来を描ける理由（過去・現在）

3　希望を感じさせる具体的な手段（未来へのステップ）

例えば、本書を手に取っていただいた読者の皆さまも、私のプロフィールを見て「この実績なら安心感があるな！」や「多角的な経験があるから、人的資本経営とＥＳＧとがリンクしている」と感じてくださったのではないでしょうか？

一方で、もし私が同じプロフィールで「近代アメリカのファッションが日本に与えた影響」といった本を出していたら、「なんだか違和感が…」と手に取る気持ちにはならなかったことでしょう。

この効果的な自己紹介や著者プロフィールの構図は、人的資本開示が持つべき構造と同じです。すなわち、「理想とする組織や人材の姿（例えば２０４０年）」↓「現状と理想に対するギャップ」↓「理想に近づくための施策」という一連の流れが重要となります。

●「理想の人材像・組織の姿」（未来）

企業が掲げる経営理念やビジネスモデルを実現するために必要な人材と組織の姿を描きます。ここでは、企業が目指す未来のビジョンを示し、それに向かって進む姿勢を明確に伝えます。

●**「現状と理想に対するギャップ」（過去・現在）**

会社のこれまでの実績や、そこで培われたノウハウを記します。**そのうえで、さらなる理想と現在とのギャップを具体的に可視化し、現時点での企業の課題を明らかにします。**

●**「理想に近づくための施策」（未来）**

理想の姿に近づくために、企業が具体的に講じる手段を示します。例えば、「従業員のスキルアップ研修の導入」、「エンゲージメント向上のための定期的なコミュニケーション施策」「外部人材を活用するための他社連携」などです。さらに、施策の進捗をモニタリングし、柔軟に見直す計画を含めることで、未来への道筋をより明確に描けます。

効果的な自己紹介や著者プロフィールが読者に共感と安心感を与え、希望を感じさせるのと同様に、**人的資本開示も企業のビジョンと現状、そして未来への戦略をしっかりと伝えることで、読み手に共感と信頼を築くことができます。**

「価値向上」と「リスクマネジメント」の観点から開示項目を評価する

人的資本開示では、「価値向上」と「リスクマネジメント」の両観点から評価することが重要です。

内閣官房―非財務情報可視化研究会の『人的資本可視化方針』（図表5－2）によると、リーダーシップ育成は「価値向上」（100に近い）に、賃金の公平性は「リスクマネジメント」（おおよそ、価値向上15：リスクマネジメント85）に効果的とされています。ダイバーシティ推進は、双方に有効な要素（おおよそ60：40）です。

同研究会は、**人的資本開示は、「企業の価値向上を示して投資家から評価を得る」ことと、「リスクアセスメントに応え、ネガティブ評価を避ける」ことの両側面を含むとしています。**

こうした視点で自社の歴史と未来を描くことが、開示の効果を最大化するカギとなります。

人的資本開示は、単なるデータの羅列ではなく、ビジョン、現状、未来戦略を伝えるストーリーです。自己紹介や著者プロフィールと同様に、**「理想の姿」「理想と現実とのギャップ」「未来への施策」を示すことで、投資家や社会から共感と信頼を得られます。**

価値向上とリスクマネジメントの視点から評価することで、企業の持続的成長と社会的価値の創造につながっていくのです。

企業は、自社のヒストリー（過去～現在）とストーリー（現在～未来）を具体的に描き、人的資本開示を経営戦略の中核に据えることが求められます。

図表5－2　「人的資本可視化方針」開示事項の階層

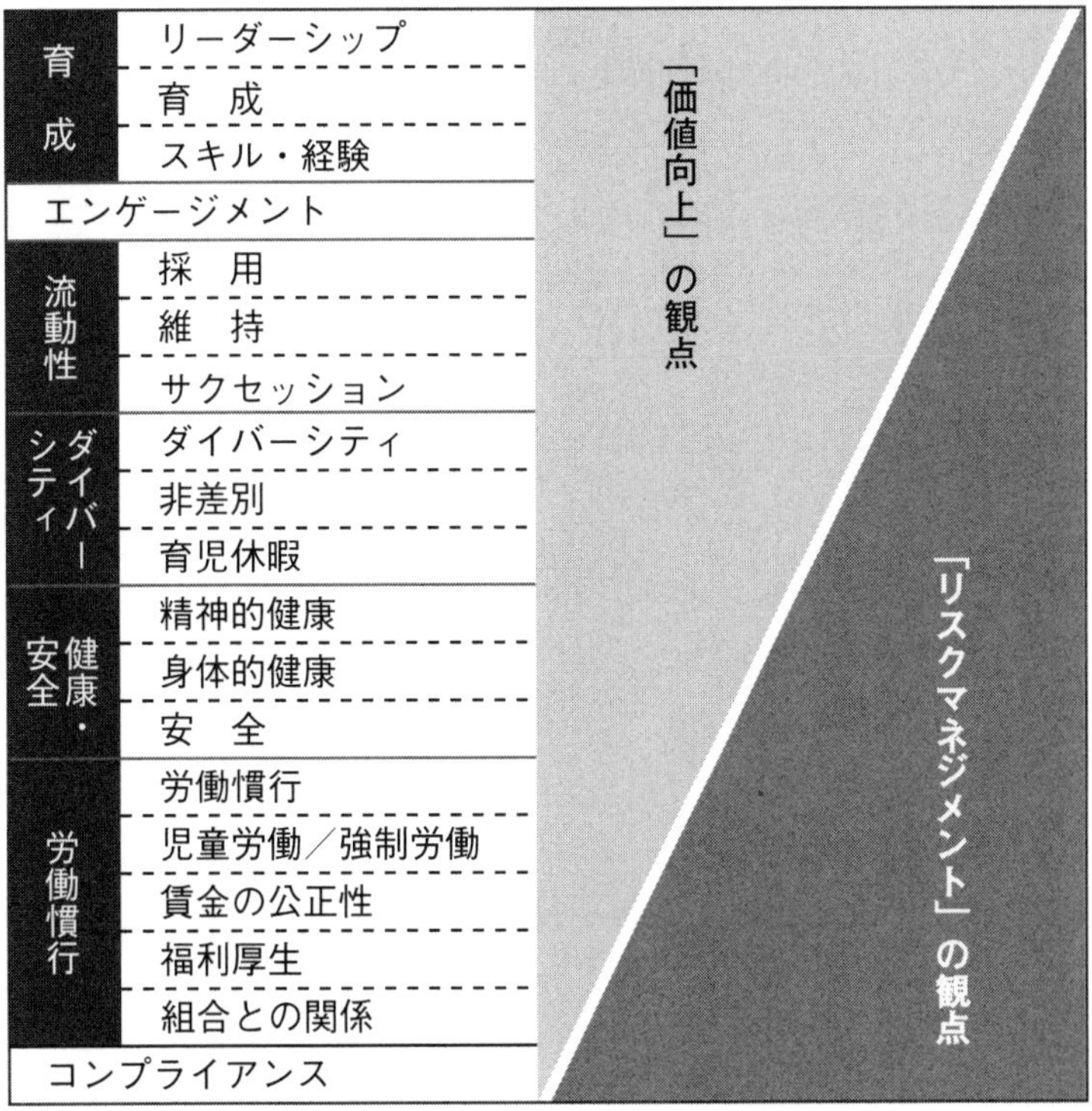

育成	リーダーシップ	「価値向上」の観点	
	育成		
	スキル・経験		
エンゲージメント			
流動性	採用		
	維持		
	サクセッション		
ダイバーシティ	ダイバーシティ		「リスクマネジメント」の観点
	非差別		
	育児休暇		
健康・安全	精神的健康		
	身体的健康		
	安全		
労働慣行	労働慣行		
	児童労働／強制労働		
	賃金の公正性		
	福利厚生		
	組合との関係		
コンプライアンス			

出典：『人的資本経営まるわかり』（岩本 隆、PHP研究所、2023年）をもとに筆者作成、一部改変

4 ミッション！
4つのSへ向けて「人的資本とESG思考」を発信せよ

これまで、人的資本開示は資本家（投資家）向けのものと考えられてきました。しかし、この視点だけでは、上場していない中小企業には「自分たちには関係ない」と感じられるかもしれません。**本当に人的資本を活用するには、資本家だけでなく、より広いステークホルダーに情報を発信することが重要です。私はこれを「4つのS」と呼んでいます。**

この視点で考えることで、人的資本開示の目的や伝え方に変化が生まれ、新たな価値が創出されます。企業が人的資本を発信すべき相手は、もはや、資本家だけではありません。

資本家、社員、社会、将来世代といった「4つのS」に向けて発信することで、企業の価値を広く伝え、持続的な成長を実現できます。こうした広範な情報発信によって、人的資本開示の視野が広がり、新たな世界が見えてくるのです。

「4つのS」とは何か？

① 資本家（Share holders）：従来の人的資本開示の主要な対象。企業の経営状況や成長性を示すため、投資家や株主に向けて人的資本戦略やその成果を伝えることが中心でした。しかし、これだけでは企業の本質的な価値を十分に伝えることはできません。

② 社員（Staff）：社員に向けて情報を発信することで、企業のビジョンや戦略、人的資本への投資が自分たちにどう影響するかを理解してもらえます。これにより、エンゲージメントの向上や、社員の主体的な行動を促進します。

③ 社会（Society）：社会への発信は、企業がどのように社会に貢献し、ステークホルダーとの関係を築いているかを示すものです。これにより、企業の信頼性が高まり、社会的評価やブランド価値の向上につながります。

④ 将来世代（Successive generations）：次世代のための持続可能なビジョンや戦略を開示することは、企業の未来への責任感を示します。これにより、長期的な信頼を築き、新たな才能の採用や社会との連携を深めることが期待されます。

「4つのS」への発信が生む新たな価値

人的資本開示をこの「4つのS」へ向けて行うことで、企業は資本家だけでなく、広範なステークホルダーに自社の価値を訴求できます。

特に社員への発信は、組織内での共通理解を促し、ビジョンの共有やエンゲージメントを高めます。また、社会や将来世代への発信は、企業の社会的責任を果たし、長期的な信頼と評価を得ることにつながります。

人的資本開示を「4つのS」に向けて行う際のポイント

①資本家への発信：企業の人的資本戦略や投資の成果を具体的なデータや事例で示し、企業価値の向上を伝えます。「ESG」の一環としての位置づけで、人的資本は、企業が長期的に成長し続けるための戦略であることを示しています。

②社員への発信：人的資本の取り組みが社員一人ひとりにどう影響するかを説明し、組織全体でビジョンを共有します。例えば、スキルアップ研修の導入やキャリア支援の施策を通じて、社員の成長と企業の未来が一体となっていることを伝えます。

③ 社会への発信：社会的課題への取り組みや、地域コミュニティとの連携を積極的に開示します。これにより、企業の社会的責任を果たし、社会からの信頼と支持を得ることが可能となります。

④ 将来世代への発信：持続可能な経営戦略や次世代リーダー育成など、未来を見据えた情報を発信します。これにより、若い世代への訴求を高め、新たな人材の確保や長期的なブランド価値の向上につながります。

人的資本開示は、「資本家＝投資家」だけに向けたものではなく、より広いステークホルダーへ発信することで、企業の本質的な価値を伝えるものです。

このように「4つのS」（資本家、社員、社会、将来世代）への情報発信を意識することで、企業は自身のビジョンと未来戦略をより多くの人々に共有し、共感と信頼を築けます。

特に中小企業においても、この広い視点を持つことで、見える世界が変わり、自社の価値を再発見するきっかけになるでしょう。

5 砂山の法則
――エンゲージメントは「関係人口」で考える

「ワークエンゲージメント（仕事への情熱・前向きな姿勢）」や「従業員エンゲージメント（会社への愛着・貢献意欲）」が、多くの企業で注目を集めています。「エンゲージメント」というカタカナ語で一見、難しそうに感じられますが、その本質は非常にシンプルです。

さて、子どもの頃の砂遊びを思い出してみてください。**図表5－3**に示すように、砂山は直径が広いほど高く積み上げられます。直径3ｍなら高さも3ｍ程度ですが、10ｍの高さにするには、直径も10ｍ程度に広げる必要があります。

これは組織の成長や事業の発展にも当てはまります。多くの企業は経営者の知識（人的資本）、ネットワーク（社会関係資本）、情熱（心理的資本）を積み上げて成長を目指しますが、それだけではいつか、限界が訪れます。経営者や限られたメンバーだけの資本では、組織の大きな発展は難しいのです。

ここで重要なのは、「エンゲージメント」を難しく考えるのではなく、「関係人口を増やす」という視点を持つことです。

図表5－3　砂山の法則 ―― 関係人口10mと３mの違い

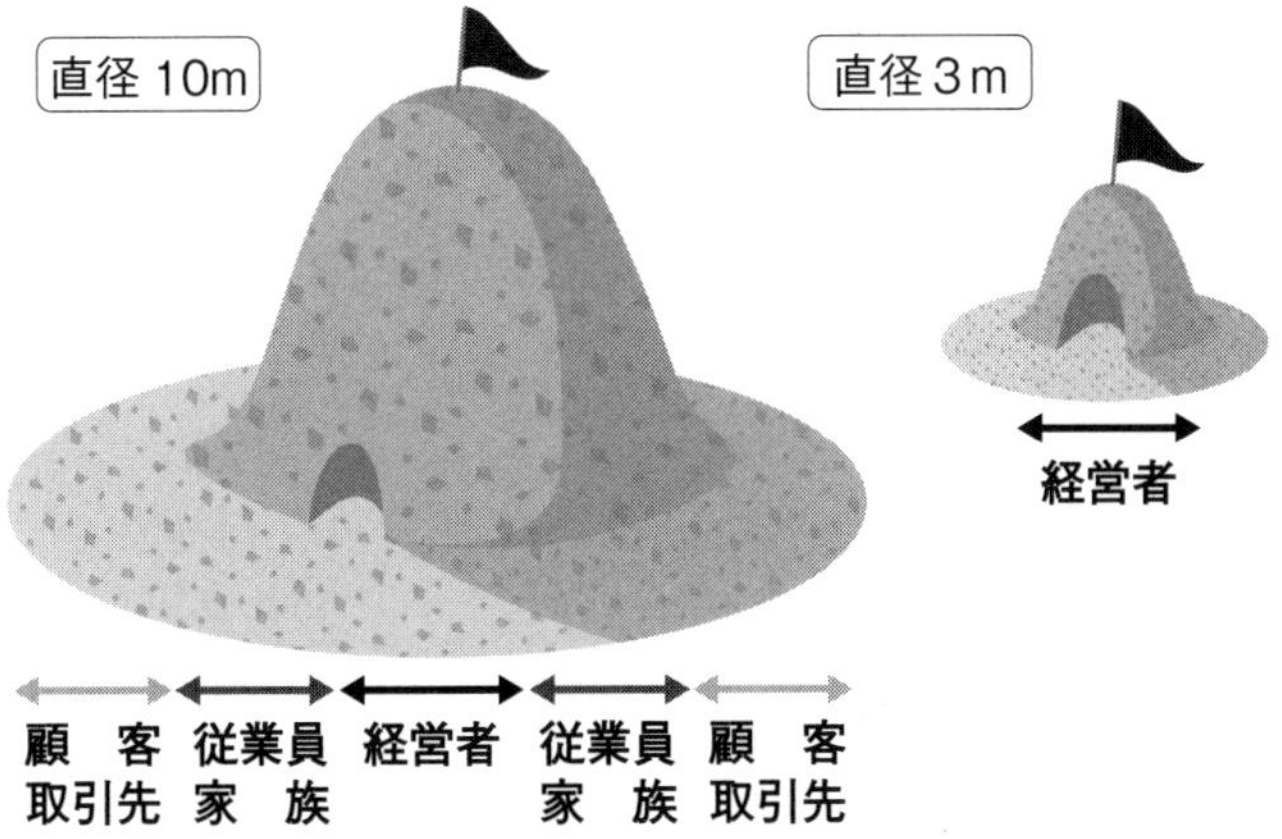

関係人口とは、従業員や取引先、顧客だけでなく、地域社会や家族など、組織を取り巻く広範な関係者を指します。つまり、**企業に積極的あるいは間接的にに関わる人々の「人的資本・社会関係資本・心理的資本」を組織に取り入れることで、組織の直径、いわば「すそ野」を広げ、より高みを目指すことができるのです。**

「砂山の法則」はスポーツの世界で考えると分かりやすくなります。ある一つのきっかけで競技人口だけでなく、コーチ、保護者、地域のスポーツ企業などの関係人口が増える。そして協会団体などの強力なバックアップで〝すそ野〟が広がることで、全体の競技レベルが向上し、そこから多くの名選手が生まれます。

例えば、漫画の「キャプテン翼」や「スラムダンク」の影響で競技人口に加えて、関係人口が増え、さらにＪリーグやＢリーグの創設など関係団体の尽力もあり、日本のサッカーやバスケットボールの競技レベルが大きく向上しました。

そのほかでは、伊藤みどりさん（フィギュアスケート）、宮里藍さん（ゴルフ）、福原愛さん（卓球）らの活躍で関係人口（すそ野）が広がり、その5〜15年後に次世代のスター選手が次々と誕生したのが好例です。最近では、堀米雄斗さん（スケートボード）などが挙げられるでしょう。

関係人口を増やすためには

企業において関係人口を増やすためには、まず、風通しの良い組織風土をつくることが重要です。**経営者や管理職がオープンに意見を交わし、現場の声を積極的に取り入れることで、従業員一人ひとりが自分の知識や経験を活かしやすくなります。**

さらに、社内外のコミュニケーションを活性化し、取引先や顧客との連携を深めることも効果的です。地域社会や社員の家族との交流を促進し、共感する仲間を増やすことも関係人口の拡大につながります。

具体的には、定期的な社内イベントや勉強会の開催、取引先との合同プロジェクト、地域イベントへの参加などが挙げられます。これにより、多様な関係者とのネットワーク（絆と信頼）が形成され、組織全体の知識や経験の幅が広がります。

これは、まさにESGの「S（社会）」の実践であり、人的資本経営の根幹です。「S」は単なる社会貢献活動ではなく、関係者のニーズや価値観に応え、持続可能な組織をつくることを意味しているのです。

また、この取り組みは従業員の「ライフ&キャリア」にも深く関わっています。従業員が自身のライフステージやキャリアに合わせて、組織内外で様々な役割を担うことで、個々の成長と組織の発展が連動します。社内の取り組みを支えるのは、従業員のライフ全体を視野に入れた組織のサポートです。地域社会や家庭での役割を果たしながら、組織内でのエンゲージメントを高めることが、組織の持続可能性向上につながります。

従業員数が多くとも、積極的に関わる人が少ないと関係人口は多くなりません。つまり、エンゲージメントの本質は、ESGの「S（社会）」を実現し、従業員の「ライフ&キャリア」を豊かにすることにあります。

関係人口を増やし、風通しの良い組織風土を築くことが、持続的な事業の発展と組織の成長、そして「人的資本経営」の土台となるのです。

6 1つ目のカギは「計画された偶発性理論」
――キャリア自律で〝充実感と活躍度〟アップ

現代のビジネス環境は変化が速く、不確実性が増しています。このような状況下で、組織の柔軟性と競争力を維持するためには、社員一人ひとりが「キャリア自律」を意識し、自らキャリアを築くことが不可欠です。キャリア自律は、これからの「人的資本経営」を推進するための重要な要素です。

キャリア自律の重要性と再注目

日本では、慶應義塾大学の花田光世教授や高橋俊介教授などによって「キャリア自律」の重要性が指摘されてきました。かつては普及が難しかったものの、近年の人的資本経営への注目とともに再び脚光を浴びています。

キャリア自律は、個人の成長を通じて組織全体の「人的資本」「社会関係資本」「心理的資本」を強化し、組織の持続的な成長と事業の連続的な発展を支える基盤となります。

キャリア自律と「離職リスク」の誤解

「キャリア自律を進めると、社員が離職するのでは？」と心配される方もいらっしゃいますが、それは誤解です。むしろキャリア自律を支援することで、社員のエンゲージメント（≒関係人口）と組織への愛着が深まり、離職率の低下に寄与します。

キャリア自律プログラムを導入した企業では、エンゲージメントスコアの向上とともに、離職率が減少しているという報告もあります。逆に、キャリア自律を妨げることは、112ページでも触れた「ゆるブラック企業」として、特に若手や優秀層の離職リスクを高め、組織の持続的な発展を阻害する可能性があります。

計画された偶発性理論の「5つの行動習慣」

キャリア自律の実現には、J・D・クランボルツ教授が提唱した計画された偶発性理論の「5つの行動習慣」を意識することが重要であると、慶應義塾大学の高橋俊介教授も述べています。

これらの行動習慣を取り入れることで、組織全体の人的資本を強化できます。

①**好奇心**：新たな学びや経験に飛び込むことで、知識やスキルが蓄積され、組織の人的資本を拡大します。

②**持続性**：失敗に屈せず挑戦し続けることで、組織は困難に粘り強く対応し、成長の基盤を広げます。

③**楽観性**：新しい機会をポジティブに捉え、適応力を高めることで、組織のさらなる発展に貢献します。

④**柔軟性**：信念や行動を柔軟に変えることで、新たなビジネスチャンスを創出し、組織の成長を促します。

⑤**冒険心**：リスクを恐れず未知の領域に挑戦することで、組織の成長ポテンシャルを広げます。

「キャリア自律の本質」と「計画された偶発性理論」との関係

高橋俊介教授は、**「キャリア自律には目標よりも日々の3つの良い習慣が重要」と説いています。そして、これは計画された偶発性理論の「5つの行動習慣」と密接に関連しています。**

特に、急速な技術革新やグローバル化が進む現代において、予測できない環境変化に適応しながら「自分らしいキャリア」を築くためには、以下の3つの要件が非常に重要です。

《想定外変化と専門性深化の時代における「自分らしいキャリア」の3要件（良い習慣）》

① 主体的ジョブデザイン

キャリアはあらかじめ計画することが難しいため、日々の仕事を通じて自分の価値観や強みを発揮することで、自分らしいキャリアが自然に形成されます。**仕事の進め方を柔軟に考え、社会の変化に対応しながら、自分なりの解釈を持ちつつ取り組むことで、新たなチャンスをつかむことが可能です。**

② ネットワーキング行動

人とのつながりが未来を形づくります。新しいネットワークを積極的に開拓し、出会いを増やすことで、偶然の好機やキャリアの扉が開かれます。**社内外のキーパーソンとの意見交換を通じて、自分でも予期しなかったキャリアの道が拓けることがあります。**

③ 主体的な学びの習慣

キャリア自律の根幹には、絶え間なく学び続ける姿勢があります。自己投資を続け、必要なスキルや知識を身につけることで、スキルが深化し、予期しない環境変化や新たなチャレンジにも迅速に対応できるようになります。**この継続的な学びこそが、キャリアの持続的成長を支える基盤であり「カギ」となります。**

《「計画された偶発性理論」とのつながり》

「計画された偶発性理論」は、計画外の出来事や偶然の機会からの学びを重視しています。「主体的ジョブデザイン」「ネットワーキング行動」「主体的な学びの習慣」は、この理論が提唱する「好奇心」「柔軟性」「持続性」と密接に関連しています。

これらの行動を日々実践することで、キャリアにおける予期せぬ成功の可能性が広がります。**日々の挑戦と学びは、個人だけでなく、組織全体を未来へと引き上げる力となり、これにより仕事の満足感や市場価値が向上し、個人と組織の両方に持続的な成長をもたらします。**

「カラーバス」ワークで、「好奇心」「持続性」「楽観性」を高める

230ページで後述する「週刊カラーバス」ワークは、計画された偶発性理論の「5つの行動習慣」や「自分らしいキャリアの3要件」を実際に体験できる効果的な方法です。

週ごとに設定されるテーマを意識して日常生活を過ごし、アウトプットすることで、新たな発見が生まれ、「好奇心」「持続性」「楽観性」を高めることができます。

この取り組みは、個人のキャリア自律の促進にとどまらず、組織全体の「社会関係資本」「心理的資本」の向上にも寄与します。

キャリア自律は、個人の成長を促進するだけでなく、組織全体の成長を支える重要なエンジンです。計画された偶発性理論の「5つの行動習慣」や、高橋俊介教授の提唱する「自分らしいキャリアの3要件」を実践することで、社員一人ひとりが自律的にキャリアを築き、組織全体の柔軟性と競争力を強化することが可能となります。

次節では、心理学者アルバート・バンデューラが提唱した**「自己効力感」**を、**個人の枠を超えて組織全体で共有し、合本主義的に従業員の総和として活用することで、組織の「イノベーション（変革力）」に変換する方法について考察します**。

また、心理的資本の中でも特に注目を浴びる「内なるHERO」の概念に触れて、個人と組織の成長にどう寄与するかを探っていきます。

7 2つ目のカギは「4つのHERO」
――キャリア自律で〝効力感と革新力〟アップ

キャリア自律を支えるもう一つの重要な要素は、「心理的資本（PsyCap）」の活用です。心理学者アルバート・バンデューラが提唱した「自己効力感」は、この心理的資本の一部で、個人が「自分ならできる」と信じる力に基づいています。

この信念がキャリアの成長と成功を左右するのはもちろんですが、組織全体でこの自己効力感を活用することが、様々なイノベーションや革新力を引き出すカギとなります。

また、「心理的資本®」は、大阪大学大学院の開本浩矢《ひらきもとひろや》教授と株式会社Ｂｅ＆Ｄｏによって商標登録されており、私も彼らの著書やセミナーで学びを深めました。

自己効力感（心理的資本の一部）とは

自己効力感とは、自分が直面する状況で必要な行動をうまく遂行できると信じる力です。この力が強いほど、実際にその行動を達成できる可能性が高まります。自己効力感を高めるためには、以下の４つの要因が重要です。

①試行錯誤経験（一般的には達成経験や成功体験といわれるもの）：最も重要で自分自身が何かを達成・成功した、あるいは失敗・試行錯誤した経験。

②代理経験：他人の成功や達成を観察することで、自分にもできると感じられ、前向きに挑戦する意欲が高まります。

③言語的説得：他者からの励ましやフィードバックにより、自分の能力を認識することができます。

④生理的情動的喚起：健全な心身の状態や時間的な余裕を保つことで、自己効力感が強化されます。

心理的資本の4要素：HERO

心理的資本は、ポジティブ心理学に基づく概念で、個人や組織が持つ内面的な資産を強化し、成功や変革をもたらす要素です。

次にご紹介する「HERO」と呼ばれる4つの要素が、キャリア自律を支え、〝個人の自己効力感〟と〝組織全体の革新力〟を引き出すための基盤となります。

①Hope（希望）：意志と経路のチカラ

明確な目標を持ち、それを達成するための道筋を探し続ける力です。**困難に直面しても代替策を見つけ、進み続ける意志**が、キャリア自律の持続と組織全体の生産性向上につながります。

②Efficacy（自己効力感）：自信と信頼のチカラ

自分の能力を信じ、**挑戦的な目標を達成できると確信する力**です。自己効力感を持つ社員は、難しい課題に対しても積極的に取り組み、組織全体で革新的な成果を生み出します。

③Resilience（レジリエンス）：回復と成長のチカラ

困難や逆境を乗り越え、成長を続ける力です。レジリエンスが高い人材は、新たな挑戦に柔軟に対応し、**組織としても危機的状況に対処しながら、イノベーションを継続できます。**

④Optimism（楽観性）：楽観と客観のチカラ

未来に対して肯定的な期待を持ち、ポジティブな見方をする力です。楽観的な環境では、失敗は学びの機会として捉えられる傾向があり、組織全体で前向きな挑戦と成長が継続されます。

図表5－4　あなたの職場はどっち？

↑　Up　↑	職場における開発 会社全体での取り組み	↓　Down　↓
試行錯誤経験が積める「背伸び」の目標設定や実践行動の支援	試行錯誤経験 （達成経験・実践と習熟）	限界値を超えたような厳しい目標や仕事。結果承認のみ
有益な情報共有や他者から学ぶ機会。プロセスの可視化	代理体験 （モデリング）	成功事例や情報の共有など、相互学習・支援の場がない
承認やポジティブなフィードバック。期待などの声がけ	社会的説得 （承認・ ポジティブフィードバック）	ダメ出しが多い。上司・部下・同僚との関係が希薄で縦割り
心身の健康に配慮した労働環境、適度な緊張がある職場	情動的喚起 （心理的・生理学的幸福）	心身の健康を無視した労働環境、常に緊張にさらされる

出典：『心理的資本をマネジメントに活かす』（開本浩矢・橋本豊輝、中央経済社、2023年）をもとに改変

自己効力感の4つの要素の統合とキャリア自律

HEROのうち、特に「自己効力感」は、単独で機能するだけでなく、**図表5－4に示したように、企業文化や組織風土として統合されることで、キャリア自律における「自己効力感」と組織全体の「革新力（イノベーション）」が、その相互作業によって最大化します。**

未来へ向けて希望を持つことで目標に向かう力が生まれ、自己効力感がその実行力を支えます。

困難に直面しても、レジリエンスがそれを乗り越える助けとなり、

楽観性が次のステップへのエネルギーとなります。

キャリア自律を促進するためには、HEROの4つの要素を組織全体でサポートし、個々の社員がこれらを強化できる環境を整えることが重要です。これにより、社員は自己効力感を持って自主的に成長し、組織全体の革新力を発揮できる環境が整います。

HEROと組織の革新力（イノベーション）

先にご紹介したように、HEROの要素を組織レベルで実践すると、個々の自己効力感だけでなく、組織全体の革新力が飛躍的に向上し、次のような効果が期待されます。

①イノベーションの促進

自己効力感を持った社員が積極的にアイデアを提案し、それが実行されることで、革新が加速します。希望と楽観性が、新しいソリューションの試行錯誤を促します。

②持続可能な成長

レジリエンスの高い組織では、逆境に対して柔軟に対応でき、回復力を持って再び成長の軌道に乗ることが可能です。これにより、長期的な視点での持続可能な成長が期待されます。

③ エンゲージメントの向上

ＨＥＲＯ要素が浸透することで、社員一人ひとりのエンゲージメントが高まり、業務に対する情熱と忠誠心が強まります。ポジティブな職場環境が組織全体の生産性を向上させます。

「ＨＥＲＯ」とキャリア自律の未来

心理的資本の「ＨＥＲＯ」の４つの要素は、キャリア自律を支え、組織の革新力を高めるための重要な柱です。キャリア自律を促進するためには、単に個人の自己効力感を高めるだけでなく、組織全体でこの心理的資本を共有し、実践することが不可欠です。

今後、組織が競争力を維持し、成長を続けるためには、「ＨＥＲＯ」の４つ要素を基盤としたキャリア自律を企業文化や組織風土の醸成に組み込むことが必要です。これにより、社員は自らのキャリアを築き、同時に組織の革新力を引き出す原動力となります。

次節では、「４つのＨＥＲＯ」からイメージを膨らませて、人的資本経営に関連する理論や概念を可視化した「４つのピラミッド」から、その共通点を探ります。

8 ワーク

4つのピラミッドの共通点
——戦略人事が取るべき優先順位とは

このワークでは、224ページの**図表5−5**に示した**4つピラミッド（マズローの欲求5段階説、承認の3段階、3つの幸福の優先順位、これからの経営に重要な3つの資本）の共通点を5つのステップで探り、戦略人事としての優先順位を考えます。**

これらの共通点を見つけることで、組織全体でのキャリア自律と人的資本の持続的な成長を促すグランドデザインを描くヒントを得ましょう。

ステップ1　図を使って4つのピラミッドを確認する

まず、図を使いながら4つのピラミッドの基本内容をそのまま「振り返り」ます。各グループで話し合い、ピラミッドに共通する要素や基盤となる部分を見つけてください。

①**マズローの欲求5段階説**：アメリカの心理学者エイブラハム・マズローが提唱した理論で人間の欲求を階層的に分類したもの。生理的欲求、安全の欲求、社会的欲求、承認欲求、自己実現の欲求の5段階からなり、人間の欲求は下位から上位へと満たされ

ていくとされます。後年、マズローが6段階目の「超越の欲求」をプラスしています。

② 承認の3段階：下から存在承認、行動承認、結果承認の順で、人の成長とモチベーションに影響を与える要素を示しています（第3章⑥：132ページ）。

③ 3つの幸福の優先順位：下から心と体の健康（セロトニン的幸福）、つながり・愛（オキシトシン的幸福）、成功・お金（ドーパミン的幸福）の順で、優先すべき幸福の段階を示しています（第3章⑦：136ページ）。

④ これからの経営に重要な3つの資本：下から心理的資本（基盤）、社会関係資本、人的資本の順で、これからの時代の経営に重要な資本の構成を示しています（第3章③：116ページ）。

《確認のポイント》

・各ピラミッドにおいて最も基盤となる部分は何か？
・各ピラミッドの頂点に位置するものは何を示しているか？

図表5－5　4つのピラミッド

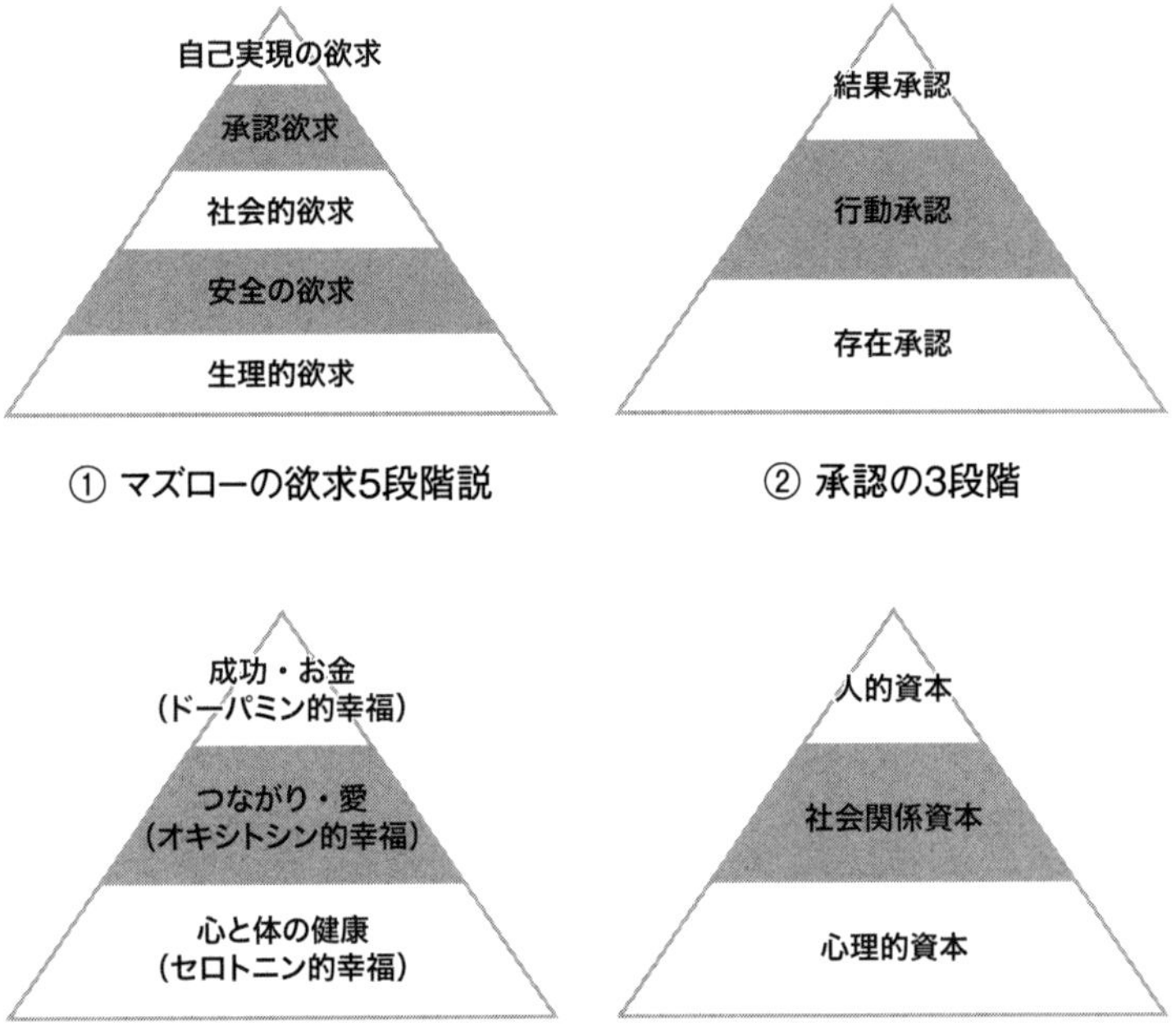

① マズローの欲求5段階説　② 承認の3段階

③ 3つの幸福の優先順位　④ これからの経営に重要な3つの資本

ステップ2　共通点を探る（図を見ながらディスカッション）

図を見ながら、４つのピラミッドの共通点についてグループで話し合い、以下の問いに答えてください。

① **基盤となる要素の共通点**

４つのピラミッドに共通するのは、心と体の健康や存在の承認など、最初に満たされるべき基盤があることです。**各グループで「なぜこれらの要素が共通の基盤となるのか」を考え、意見を出し合ってください。**

② **つながりの重要性**

どのピラミッドでも、つながりや社会的関係が重視されています。これは組織の人的資本にどう関係しているでしょうか？

③ **自己実現へのステップ**

すべてのピラミッドで頂点に位置する「自己実現」や「結果承認」、「成功」は、どのように組織全体の成長に寄与するのかを考えてみましょう。

ステップ3　戦略人事の優先順位を決める（図を活用）

図を見ながら、各ピラミッドの共通点を踏まえて、戦略人事として何を優先すべきかを話し合います。以下の質問に答えて、組織の優先事項を決めてください。

①　**基盤の整備**

社員の心と体の健康（セロトニン的幸福）や存在の承認を支えるために、組織として取り組める施策は何か？

②　**つながりの強化**

社会関係資本を高めるために、**職場の信頼関係や社内外のネットワークを構築する仕組みをどう設計すべきか？**

③　**自己実現の場の提供**

社員がキャリア自律を実現し、自己成長を遂げるために、どのような機会や支援が必要か？

ステップ4　アクションプランを作成する

各グループで決めた優先順位に基づき、以下の項目を含むアクションプランを作成します。図を参考にしながら、ピラミッドの基盤から頂点までを考慮した計画を立てましょう。

① **具体的な施策**

例えば、健康プログラムの導入、チームビルディング活動の実施、キャリア開発支援の提供など。

② **目標**

例えば、エンゲージメントスコアの向上、離職率の低下、心理的資本の強化など。

③ **スケジュール**

短期・中期・長期の視点から実施計画を立てます。

ステップ5　図を使って成果を共有する

グループで作成したアクションプランを図に関連づけながら全体で共有します。図を見ながら、「なぜその優先順位を選んだのか」「どのようにピラミッドの基盤を整え、組織の成長を促すか」を発表してみましょう。

今回のワークで、「4つのピラミッド」（マズローの欲求5段階説、承認の3段階、3つの幸福の優先順位、これからの経営に重要な3つの資本）に共通する優先事項を明らかにしてきました。

特に、「心と体の健康」や「社内外のつながり」が、キャリア自律と組織の持続的な成長において重要な基盤であることが確認できたと思います。

戦略人事（経営戦略と連動した人事）**としては、まずこれらの基盤を整え、次に個人の自己実現や成長の機会を提供することで、組織全体の人的資本を活かしきることが求められます。**

つまり、「個人の活躍＝能力×状態」とその集合体である「事業の発展＝人的資本×社会関係資本×心理的資本」の方程式を常に念頭に置いて施策を展開することが大きなポイントです。

次節では、この基盤をさらに強化し、「社会関係資本」を劇的にアップさせる取り組みとして、「週刊カラーバス」をご紹介します。

このワークは、チーム全体で「意識を共有し続けること」を通じて、心理的資本や社会関係資本を高め、組織に安心感と一体感をもたらします。

また、「存在の承認」や「つながりの強化」といった、4つのピラミッドで重視される要素にも深く関わる実践です。

次の「週刊カラーバス」のワークは、心理的資本の基盤を築きながら、社会関係資本を育むという点で、4つのピラミッドの全体的な成長に寄与するものです。

それでは、この「週刊カラーバス」を通じて、職場ぐるみで〝社会関係資本〟を高める方法を探っていきましょう！

＊ちなみに「週刊カラーバス」という名称は、まるで週刊誌のように毎週異なるテーマで過ごして発表することから名づけられました。

ワーク 9

週刊カラーバスで「社会関係資本」が劇的アップ

「カラーバス効果」という言葉を聞いたことがありますか？　これは、特定のテーマや色に意識を集中させると、それに関連するものが自然と目に入りやすくなる現象です。

例えば、朝に「今日のラッキカラーは赤！」と聞くと、通勤中に赤い車や広告が目につくようになるのです。

この現象を最初に紹介したのは、加藤昌治さんの著書『考具』（CCCメディアハウス、2003年）といわれています。「一度気にし始めると、それを頻繁に目にするようになる錯覚（頻度錯覚）、バーダー・マインホフ現象」をわかりやすく表現したものです。

脳が必要な情報を選び取る性質に基づいており、一度意識を向けると、それに関連する情報が自然と見えてくるのです。

私自身、この10年間「週刊カラーバス」（**図表5－6**）を続けており、毎週テーマを変えて実践しています。一般的には個人で行うものですが、今回は応用編として、「カラーバス×グループ」で「社会関係資本」をアップさせるワークをご紹介します。

このカラーバスは、キャリア自律の計画された偶発性理論の「5つの行動習慣」のうち「好奇心」「持続性」「楽観性」とも密接に関連しています。また、チームで実践することで社会関係資本を育み、さらに心理的資本の向上にもつながります。

《社会関係資本をアップさせる週刊カラーバス運用方法》

1　グループをつくる

部署やプロジェクトチーム、「次世代リーダー発掘・育成プログラム」のメンバーなど、複数人でグループを作成します。社内SNSやチャットツールを活用しましょう。

2　テーマの写真を撮る

指定した1週間（例：2025年4月16日〜23日）に、テーマに沿った「色」や「文字」が入った写真を撮影します。**1日1枚×7日（合計7枚）が理想ですが、難しい場合は1週間で1枚でも構いません。**

例えば、テーマが「青色＋白色」なら、「青い空に浮かぶ白い雲」「コンビニのローソンのロゴ」「道路標識」など、身近なものを探してみてください。

3　写真とエピソードを共有する

毎週決められた曜日に、自分が撮った中で最も ユニークだと思う「青色＋白色」の写真を、エピソードとともに社内ＳＮＳにアップします。７枚撮影した場合も、その中から「最もユニーク（定義は人それぞれ）」な１枚を選びましょう。今回の場合、期限は４月23日（水）としますが、その前後１日での投稿もＯＫです。**１週間テーマを意識し続けることが、このワークの本質です。たとえ、期限前の４月19日に面白い写真が撮れても、アップは我慢してください。**重要なのは、「意識を１週間持続すること」です。

4　仲間の写真やエピソードに「いいね！」や「コメント」をする

ほかのメンバーが投稿した写真やエピソードに対して、「いいね！」や「コメント」を積極的に行います。メンバー同士の交流が活発になると「社会関係資本」が自然に高まります。**写真やエピソードには、仕事以外の「ライフ＆キャリア」全般のものが多く含まれ、共に働くメンバーの意外な一面や共通の趣味を発見できることもあります。**

メンバーの投稿に対し、具体的な感想や共感コメントをすることで、相手の視点や発見を共有し合い、新たな気づきや意識の変化を生み出すきっかけにもなります。

図表5－6　週刊カラーバスのお勧めテーマ事例

週目	テーマ	週目	テーマ
1	赤色を含む写真	7	2025を含む写真
2	青色と白色を含む写真	8	100か百かヒャクを含む写真
3	黄色と黒色を含む写真	9	紫色を含む写真
4	赤色と緑色を含む写真	10	茶色を含む写真
5	熊orクマor球磨を含む写真	11	赤色で丸いものを含む写真
6	EかSかGを含む写真	12	黄色で星形or五角形を含む写真

シンプルな「いいね！」だけでも、相手に「見てもらえている」という「安心感」や「存在承認」を与えることができ、「社会関係資本」の向上につながります。

なお、**カラーバスが活性化してくると、テーマの写真やエピソードに加えて、次第に関連情報（語源や歴史など）を共有するメンバーも増えてきます。**

これにより、「人的資本」の向上だけでなく、何よりも、同じメンバーでコツコツと続けることが「心理的資本」にも良い影響を与えます。チーム全体で継続的に取り組むことで、信頼や安心感が深まり、さらに豊かなコミュニティを築くことができるでしょう。

第6章

成功のカギは「企業文化」と「組織風土」

1 人的資本経営に重要な「3つの視点」と「5つの要素」

これまでの第1章から第5章で、人的資本経営の多様な側面について解説してきました。最終章となる第6章では、それらの主要なポイントを、「人的資本経営の実現に向けた検討会　報告書（人材版伊藤レポート2・0）」に掲載されている「人的資本経営の概念図」の「3つの視点」と「5つの要素」に当てはめながら振り返ります。

また、**この章では、最も重要かつ時間を要する「企業文化（トップダウン型）×組織風土（ボトムアップ型）の醸成」を中心に解説し、本書のまとめとします。**

人的資本経営に重要な「3つの視点」

図表6－1「人的資本経営の概念図」には、人的資本経営の成功に必要な「3つの視点」と「5つの要素」が示されています。特に「3つの視点」は、**【視点A】「経営戦略と人事戦略の連携」**、**【視点B】「目標と現状のギャップの把握」**、そして**【視点C】「企業文化の定着」**に焦点を当てており、これらが三位一体となることで持続的な組織の成長を促すとしています。

図表6－1　人的資本経営の概念図「3つの視点」と「5つの要素」

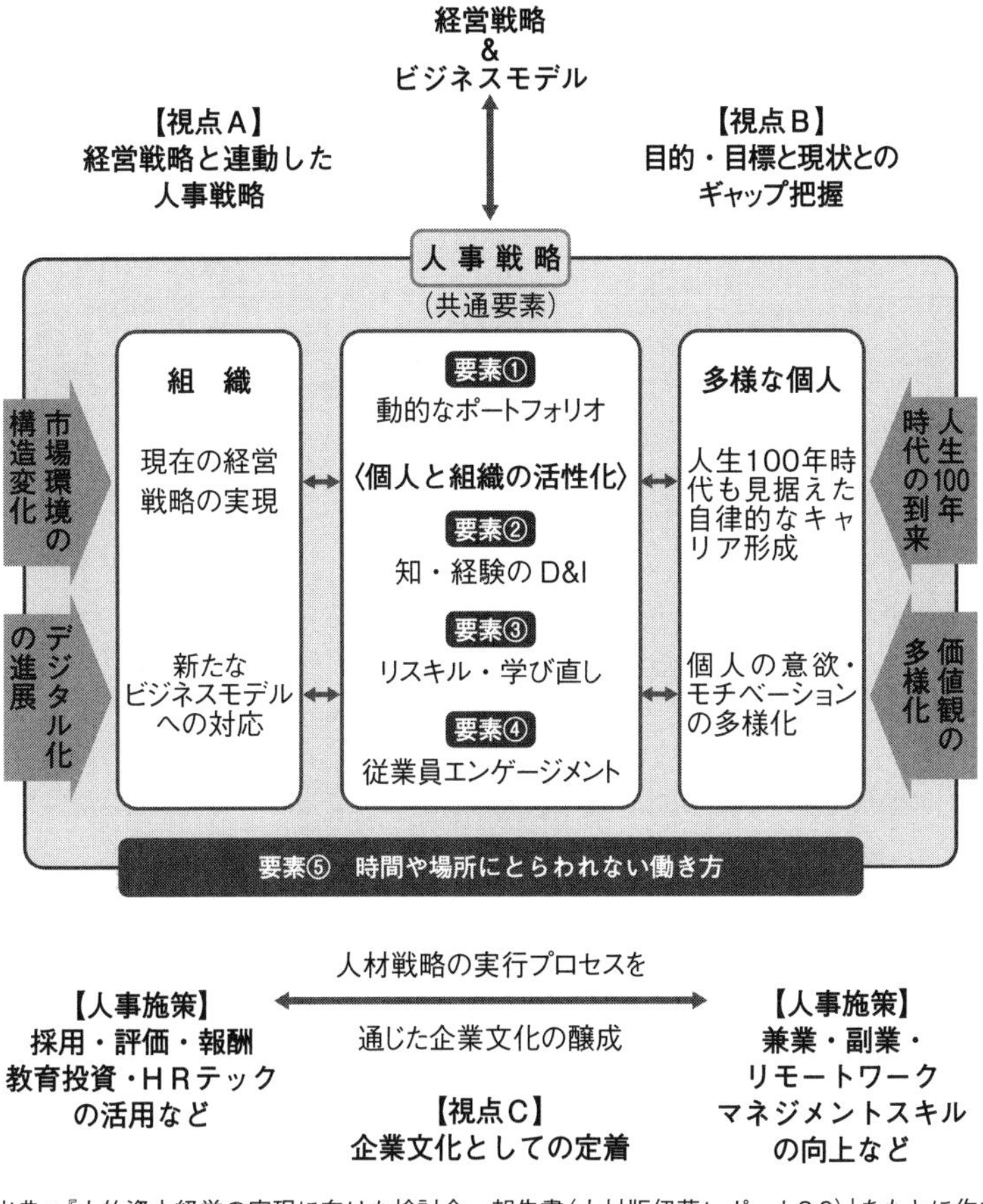

出典：『人的資本経営の実現に向けた検討会　報告書(人材版伊藤レポート2.0)』をもとに作成、一部改変 (https://www.meti.go.jp/policy/economy/jinteki_shihon/pdf/report2.0.pdf)

【視点A】経営戦略と連動した人事戦略

図の上部中央にある「人事戦略（共通要素）」が示すように、**経営戦略と人事戦略を連携させることで、組織の目標達成に向けた人材の適切な配置や育成が可能になります。これは、経営環境の変化に柔軟に対応するための基盤です。**

《関連する章・語句・ワーク》

●第1章

人を資源（費用・管理・消費）ではなく、資本（元手・運用・投資）として捉える重要性を解説。

●第2章

経営環境に対応した経営戦略と人事戦略の代表事例として、「少子化をESG思考で乗り越える自動車学校」として、くまもとKDSドライビングスクールを紹介。

●第5章

翻訳家・伝道師・伴走者など「戦略人事」に求められる〝8つの役割〟を説明。また、「エンゲージメントは関係人口」として、経営者・従業員だけでなく、取引先・顧客・家族・地域などの関係人口を増やす重要性に触れています。

【視点B】目的・目標と現状とのギャップ把握（定量的）

図の右側に示された「多様な個人」が示すように、**従業員一人ひとりの価値観やキャリア観を考慮しながら、組織全体の目的・目標と現状のギャップを定量的に把握することが重要です。**例えば、エンゲージメント調査などを通じて目標と現状の差を明確にし、試行錯誤（トライ&エラー）を繰り返すことで、組織の改善と成長を促します。

《関連する章・語句・ワーク》

●第2章

世界的なサステナビリティの視点である「ESG」と「人的資本経営」を結びつけ、「ライフキャリアレインボー」を活用してライフ（人生）とキャリア（職場）の自然なつながりについて述べました。

「ライフ&キャリアーグランド・デザイン」シートを活用したワークでは、個人の目的・目標と現状のギャップを未来志向で把握しました。

そのほかにも（仮想企業）SDホーム株式会社の取り組みを「ESG」の視点で分類し、理想と現状のギャップを可視化する方法を示しました。

●第3章

「個人の活躍＝能力×状態」や「事業の発展＝人的資本×社会関係資本×心理的資本」という公式を紹介し、「人材活躍5分野15項目」診断を用いて自社の状況把握を提案しました。

【視点C】企業文化としての定着（一貫性のある継続）

図の下部にある「企業文化としての定着」は、企業文化が人事戦略や組織全体の行動に一貫性をもたらすことを強調しています。

経営トップの理念や方針が現場に浸透し、従業員の行動に反映されることで、組織全体の一体感が生まれ、個人と組織の活性化につながり、最終的には持続可能な経営を実現します。

《関連する章・語句・ワーク》

●第3章

企業文化や組織風土と関係が深い「社会関係資本」や「心理的資本」を活かすことの重要性に焦点を当て、熊本トヨタ自動車の「社内留学」を事例として紹介しました。

●第4章

フィードバックを「資本（糧）を与えること」と定義し、効果的な「質問・声かけ・フィードバック」事例による3つの資本化（人的・社会関係・心理的）を示しました。

●**第6章**

企業文化や組織風土の醸成事例として、272ページで「大阪のおせっかい」が、採用〜定着〜育成など組織全体に広がる情報工房を紹介、企業文化診断やボールパスなどのワークも提示します。

「3つの視点」のまとめ

【視点A】の「経営戦略と人事戦略の連動」は、【視点B】の「目的・目標と現状とのギャップ把握」を通じて具体化され、【視点C】の「企業文化の定着」により組織全体の一貫性を生み出します。

これら3つの視点を連携させること、つまり、持続的な〝個人の活躍〟と〝事業の発展〟そして〝組織の成長〟の好循環を回すことは、これからの企業経営には欠かせません。

人的資本経営に必要な「5つの要素」

図表6－1には、「3つの視点」を支えるための「5つの要素」も示されています。これらの要素は、【視点A】「経営戦略と人事戦略の連動」と【視点B】「目的・目標と現状とのギャップ把握」を補完し、【視点C】「企業文化としての定着」を促すための基本となるものです。ここでは、その概要のみを簡潔に触れておきます。

①動的なポートフォリオ：組織内の人材が持つ知識やスキル、経験などを可視化し、リアルタイムで分析する仕組みです。これにより、適材適所の配置を実現し、業務効率を最大化します。同時に、従業員のキャリアパスや成長をサポートすることで、長期的な人材育成にも寄与します。

②知・経験のD&I（ダイバーシティ&インクルージョン）：異なる背景や価値観をもつ人材の知識や経験を活かし、組織全体の創造性や革新性を高めます。多様性を受け入れる文化を醸成し、互いの強みを引き出すことで、イノベーションを生む基盤を築きます。これにより、競争力の強化やグローバル対応力の向上が期待されます。

③リスキル・学び直し：技術革新や市場の変化に対応するため、従業員が新しいスキルを習得する「リスキル」と、既存のスキルを見直して再強化する「学び直し」を促進します。これにより、従業員のキャリアの自律性を高め、組織が時代の変化に柔軟に対応できる基盤を作ります。

④従業員エンゲージメント：従業員が仕事に情熱を持ち、組織の目標達成に積極的に関与する姿勢を指します。経営戦略と個々の成長（ライフ&キャリアデザイン）に親和性を持たせることで、従業員満足度やパフォーマンスを高め、さらに離職率の低下にもつながります。エンゲージメント向上の施策として、タテ・ヨコ・ナナメの多様なコミュニケーションやフィードバックの仕組み、従業員一人ひとりの状況に応じた自律支援が挙げられます。

⑤時間や場所にとらわれない働き方：「リモートワーク」や「フレックスタイム」「週3正社員（週3日だけ勤務）」などを活用し、従業員が自分に合った柔軟な働き方を選択できるようにする取り組みです。これにより、ライフ&キャリアデザインを向上させ、ストレス軽減や健康促進を図ると同時に、組織全体のパフォーマンス向上を実現します。また、多様な人材が活躍しやすい環境をつくることは、地方や外国籍の人材の採用にもつながります。

2 経営視点で取り組む「企業文化（理想の姿）」の醸成

第1節で述べた「3つの視点」の中でも、視点Cである「企業文化の定着」は人的資本経営の成功に欠かせません。**図表6－2**に示されているように、企業文化はトップダウン型のアプローチで組織全体に理念やビジョンを浸透させ、組織の方向性を定めます。

企業文化と組織風土の連動

図表6－2では、「仕組み（トップダウン）企業文化」と「仕掛け（ボトムアップ）組織風土」が組織の中心で交わり、「人的資本経営」と「ESG思考」を融合させるイメージが示されています。

企業文化は、経営視点でつくられる「理想の姿」であり、組織風土は、現場から生まれる理想とする「実践行動」として機能します。

企業文化（トップダウン）と組織風土（ボトムアップ）の対比

企業文化と組織風土の関係を理解するためのポイントを次にまとめます。

図表6－2　企業文化（トップダウン）×組織風土（ボトムアップ）

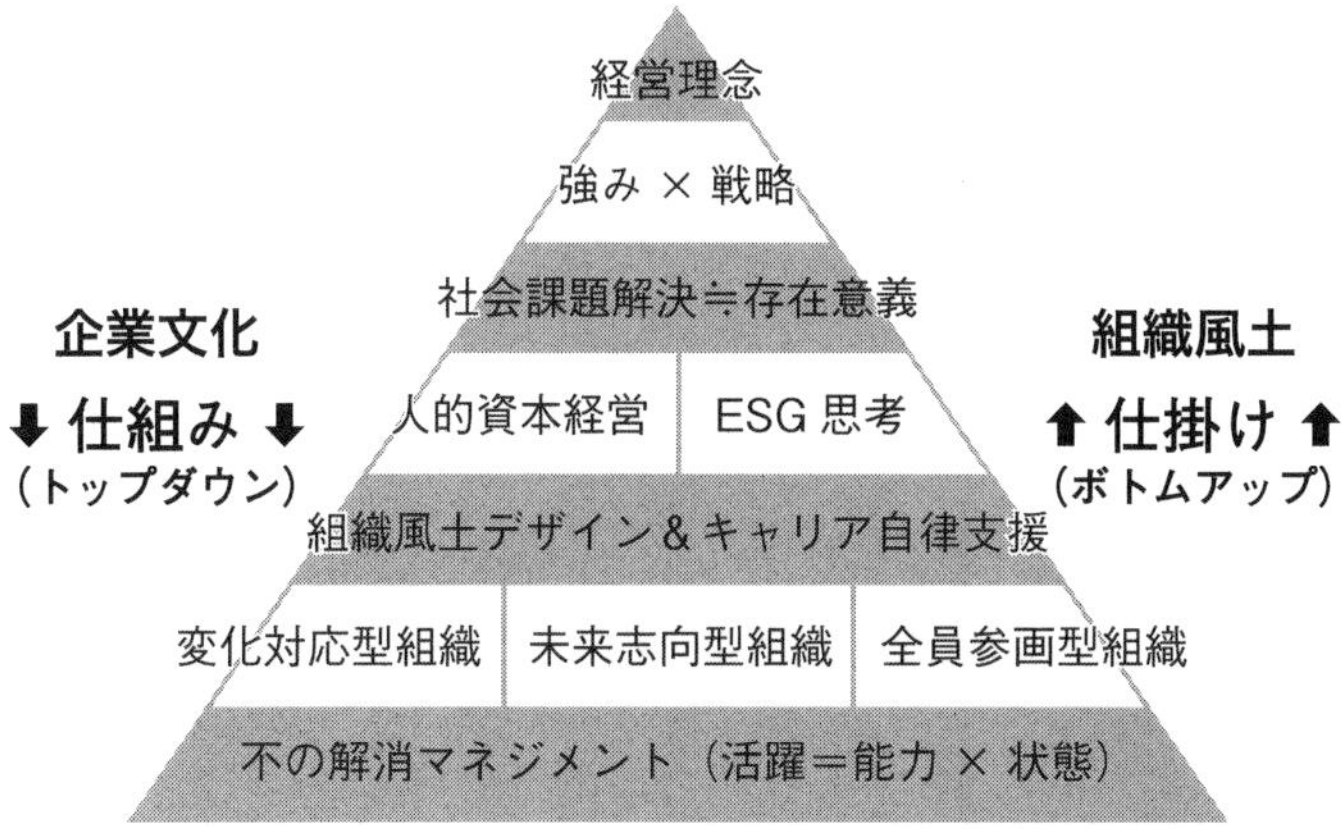

トップダウンとボトムアップが組織の中心で融合するイメージ

1　役割と目的

● **企業文化**：経営トップが理念・ビジョンを発信し、組織全体の方向性を示す。

● **組織風土**：現場リーダーが従業員を支援し、現場の活性化を促す。

2　経営理念と行動指針

● **企業文化**：トップが経営理念や行動指針を示し、組織全体の一貫性を維持する。

● **組織風土**：従業員が日々の行動を通じて理念を実践し、自然に定着させる。

3　発信と実践

● **企業文化**：経営層が理念を繰り返し発信し、理想の姿を社内外に広める。

●**組織風土**：現場での実践とフィードバックを通じて、望ましい行動様式を強化する。

4　変革の起点

●**企業文化**：経営環境の変化に対応し、組織全体の方向転換や新戦略を提示する。

●**組織風土**：現場の課題や気づきをきっかけに、組織内部から変革を促す。

トップダウン型の企業文化醸成

企業文化を醸成するには、経営トップの発信とリーダーシップが不可欠です。図表6－2にある「経営理念」や「強み×戦略」は、組織の方向性を定める北極星といえるでしょう。

トップが示すビジョンが従業員の行動に一貫性をもたらし、「社会課題解決」や「存在意義」を明確にすることで、組織全体のエンゲージメント（関係人口）を高めます。

「人材活躍5分野15項目」のアンケート結果に見る〝企業文化の醸成〟

第3章⑨で紹介した「人材活躍5分野15項目」の中で、分野1「ビジョンと人材像の実質化」について、ビジョンの共有がどの程度現場に浸透しているかを見てみます。

1－1　明確なビジョンと人材像の共有（経営レベル）

人材活躍企業　87・8％
人材滞留・流出企業　83・5％

1－2　採用・評価基準へのビジョンの反映（人事・管理者レベル）

人材活躍企業　76・2％
人材滞留・流出企業　66・2％

1－3　ビジョンと人材像の浸透と実践（現場レベル）

人材活躍企業　73・6％（1－1：「経営レベル」から14・2％ダウン）
人材滞留・流出企業　53・1％（1－1：「経営レベル」から30・4％ダウン）

このデータから、トップダウンで「明確なビジョンと人材像の共有」を行っても、現場への浸透度は低下していくことがわかります。「人材活躍企業」では経営と現場の差が14・2％ですが、「人材滞留・流出企業」では30・4％と、約2倍の差が生じています。

3 現場視点で取り組む「組織風土（実践行動）」の醸成

トップダウンで示される「企業文化」に対し、「組織風土」の醸成は現場の実践行動から始まります。従業員の主体的な行動や現場でのコミュニケーションが組織風土を形づくり、企業文化を支える役割を果たします。

企業文化と組織風土は、車の両輪、あるいはハンドルとエンジンのような関係です。現場リーダーと従業員が積極的に動くことで、ビジョンや価値観が日々の行動に反映され、組織全体の活力が高まります。

ただし、年に1回の全社員大会での発信や思いつきの行動だけでは、双方は醸成されません。**現場リーダーたちが呼応し、積極的に行動することで組織風土が育ち、トップの発信と現場の実践が連動して初めて、企業文化と組織風土の両方が強化されます。**

組織風土を醸成するための3つの型

前出（246ページ）**図表6－2**に示されているように、組織風土の醸成には「変化対応型組織」「未来志向型組織」「全員参画型組織」の3つの型が重要です。これらを土台に現場での実践を重ねることで、組織風土が強化され、企業文化の醸成が促進されます。

①変化対応型組織へ向けて（オープンなコミュニケーションの促進）

組織風土の醸成には、オープンなコミュニケーションが不可欠です。変化対応型組織は、環境の変化に柔軟に適応する力を持っています。**現場リーダーは従業員が自由に意見を出せる場をつくり、積極的に意見を取り入れることが重要です。**

●**具体例**：定期的なミーティングや1on1面談を行い、従業員の提案を組織改善に活かします。「不の解消」や「経験の資本化」といった共通言語を活用し、円滑なコミュニケーションを促します。

●**効果**：個人の活躍は「能力×良い状態」となり、パフォーマンスが向上します。その結果、時間的・体力的・精神的な〝余裕〟が生まれ、組織全体の変化対応力が高まります。

②未来志向型組織へ向けて（小さな成功体験の共有）

未来志向型組織では、現場での「学び」や「成長」を重視する空気感が求められます。常に、**従業員が新しい知識やスキルを積極的に身につけ、刻々と変化する環境に柔軟に対応で**

きるようにすることが重要です。挑戦を恐れず、新しいアイデアを試すことが奨励されます。

●**具体例**：現場リーダーは、従業員に新しいプロジェクトへの参加や自己啓発の機会を提供します。失敗を恐れず挑戦できるよう、「振り返りの場」を定期的に設け、イノベーションを促進します。

●**効果**：新しいアイデアや知識が共有され、組織全体の革新力が向上します。従業員が成長と成功に向けたビジョンを持つことで、組織の未来への対応力が強化されます。

③ 全員参画型組織へ向けて（エンゲージメントと相互支援）

全員参画型組織には、従業員がビジョンや目標に共感し、積極的に参加できる環境が必要です。全レベルで協働し、様々な意思決定のプロセスに関与することで、一体感とエンゲージメントが高まっていきます。

●**具体例**：リーダーは「意見収集ミーティング」やワークショップを開催し、従業員の意見を反映した施策を共有します。**「自分たちの声が組織に影響を与えている」と実感させることが重要となります。**

●**効果：**組織の一員としての自覚と協働意識が高まり、組織全体のエンゲージメントに加えて、企業文化と組織風土の醸成が進みます。

まとめ　トップダウンの企業文化とボトムアップの組織風土

組織風土の醸成には、「変化対応×未来志向×全員参画」の3つの型を活用し、現場リーダーと従業員が一体となって行動することが重要です。

これにより、トップダウンの企業文化とボトムアップの組織風土が連動し、組織全体の成長を促進します。さらに、フィードバックによる「経験の資本化」で個人と組織が共に発展する環境が整います。

次節では、**明治大学専門職大学院・野田稔教授らが提唱する「社員が主語の会社」づくりが人的資本経営の本質であることを詳しく解説します。**社員の継続的な学びと成長を支えることが、持続可能な組織づくりのカギとなります。

4 社員が主語の会社づくり
――「人生100年時代」と「キャリア自律」

経済学者セオドア・シュルツは、「人的資本」を（先天的でなく後天的に）経済的価値を持ち、「適切な投資によって価値を高められる人間の特性」と定義し、ゲーリー・ベッカーは、「教育やトレーニング、健康、技能などが人間の能力や生産性を向上させ、その結果として賃金や収入を増加させる」としています。つまり、継続的な**投資や社会的・組織的な関与がなければ、人は人的資本としての「本来の価値」を発揮させ続けることは難しいということです。**

「人は会社の持ち物ではない」

チェスター・I・バーナードは著書『経営者の役割』の中で、**「人は会社の持ち物ではない」と強調しました。**また、組織開発やシニア人材の第一人者である明治大学・野田稔教授も、社員一人ひとりの「個人人格」と「キャリア自律」を重視する必要性を指摘しています。

野田教授は、沖縄での「人材育成推進者養成講座」に尽力し、当法人主催の「未来から愛される会社®塾」にもご協力いただいています。

「人生100年時代」における働く人の意識の変化

野田教授が、ライフシフト・ジャパン（東京都中央区：代表　大野誠一）とともに推進する「KX：カイシャ・トランスフォーメーション」では、社員が自分のライフやキャリアを主体的にデザインできる「社員を主語にする経営」を提唱しています。

従来の「3ステージモデル」（教育・仕事・引退）では、「新卒一括採用」「年功序列」「定年制」が一般的で、**「○○社の社員」としての「組織人格」が重視され、個人としての人格は軽視されがちでした。しかし、現代は働き方が多様化し、「会社主語」から「社員主語」への転換が求められています。**

これからの組織運営では、社員が自分のキャリアにオーナーシップを持つ「キャリア自律」が重要となり、それによって「個人人格」を発揮しながら組織に貢献できるモデルが主流となるでしょう。

図表6－3（255ページ）にある、人生100年時代における「マルチ・ステージモデル」では、ライフやキャリアがより多様化しており、スーパーが提唱した「ライフキャリア・レインボー」（**図表2－5**／65ページ）にも通じるものがあります。どのステージにおいても、社員が「積極的に貢献したい」と感じられる環境をつくることが「社員が主語の経営」の目的であり、これは「人的資本経営」の本質でもあります。

学び続け、変わり続ける組織を目指す

組織自体も変化に適応できる柔軟性が必要です。従業員一人ひとりの意見を取り入れ、組織全体で学習し続けることで、新しいアイデアやイノベーションが生まれやすくなります。**ここでも、職場リーダーが「伝道師」としての役割を担い、現場の従業員の成長をサポートすることが重要です。**

職場リーダーが自身の行動で組織のビジョンを体現し、社員に対して積極的なサポートとフィードバックを行うことで、組織風土が強化され、持続的な発展へとつながります。

「Doing」よりも「Being」を重視する組織風土

組織の進化の中で重視すべきなのは、「何をするか（Doing）」ではなく、「どうあるか（Being）」です。**社員が自己の価値観や人生観に基づいて行動できる環境を整えることで、彼らは自分らしく仕事に取り組むことができます。**

この「Being」の重視が、組織全体に一体感をもたらし、各自が持つ専門性やスキルを最大限に発揮できる土壌をつくり出します。

図表6-3 「3ステージ」モデルと「マルチ・ステージ」モデル

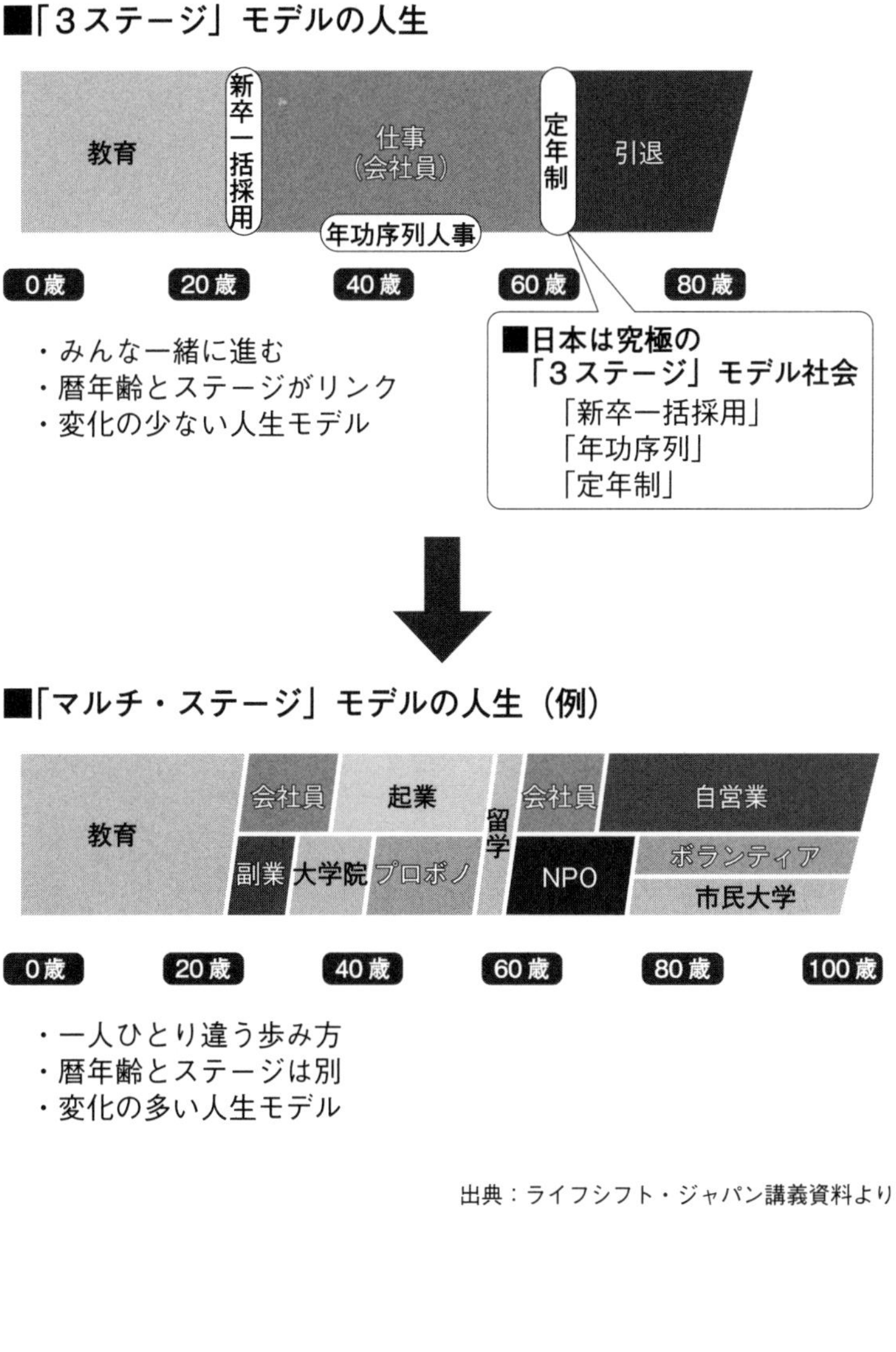

出典：ライフシフト・ジャパン講義資料より

「社員が主語の会社」への具体的なステップ

ステップ１　キャリア意識を高める支援策

社員が自分のキャリアに主体的に向き合い、成長を目指せる環境を整備します。具体的には、キャリア自律プログラムやスキルアップ研修を導入し、各種の資格取得支援やジョブローテーション制度を活用して、多様なキャリアパスの選択肢を提供します。

ステップ２　コミュニティとしての職場づくり

職場を単なる「働く場」から、社員同士が助け合い、学び合う「コミュニティ」に変える取り組みを進めます。具体的には、社内サークルやプロジェクト活動の支援、部門を超えた協力体制の促進、社外コミュニティへの参加推奨を行います。また、イベントやワークショップを通じて社員間のつながりを深めます。

ステップ３　柔軟で学び続ける組織の構築

変化に対応するため、柔軟性と生涯学習の文化を組織全体に根づかせます。３６０度フィードバック（上司から部下への一方向からのフィードバックだけでなく、部下から上司、他部署からなどタテ・ヨコ・ナナメ全方向からフィードバックする仕組み）やオンライン学習プラットフォームを活用し、社員の自己成長を支援します。また、アイデアを共有する場を設け、学びと創造性を引き出す環境を整備します。

ステップ4　「社員が主語の会社」へのシフト

社員の意見を経営に反映させる仕組みを導入し、タウンホールミーティングなどで双方向のコミュニケーションを強化します。**「自分らしい（KX提唱：我が - ままセントリック）働き方」を推進する柔軟な制度と、心理的安全性の確保により、社員一人ひとりが自分らしく働ける環境を目指します。**

これらの取り組みを進めることで、「社員が主語の会社」づくりへの変革を実現し、持続的な人的資本経営につなげていきます。

これまでにも述べてきたように、「個人の活躍＝能力×状態」×社員数の総和が「事業の発展＝人的資本×社会関係資本×心理的資本」となることを考えると、「社員が主語の会社」は極めて自然な流れであることは明白です。

5 学生の採用基準は「空手の黒帯」？その意外な理由とは

前節で述べた「社員が主語の会社づくり」を進めるには、価値観を共有し実践できる人材の採用が不可欠です。ここでは、かつて当法人が学生アルバイトの採用基準として掲げていた「空手の黒帯」の理由と、企業文化・組織風土との関係性を解説します。

採用基準と企業文化・組織風土の関連性

独自の企業文化や組織風土を支えるためには、長期にわたり組織を支えられる人材が必要です。当法人では10年前から5年間、**学生アルバイトの採用基準として「空手の黒帯」という概念を取り入れていました。**一見ユニークな基準に思えますが、当時の経験に基づくものでした。

きっかけ　「空手で黒帯」の学生の大活躍

２０１０年頃から、官公庁系の「人材育成企業認証制度」や「プロフェッショナル人材事業」の事務局業務、民間企業からの研修依頼が増え、事業は急拡大。正社員と業務委託社員を含めた8名体制でも業務が追いつかない状況でした。

時を同じくして、学生から「アルバイトで働きたい」という声が増えたこともあり、学生アルバイトの採用を始めました。当時、「おきなわ企業魅力発見事業」の事務局も担当していたため、学生の間で知名度が高く、募集開始とともに多くの応募がありました。

しかし、数年がたつと、**短期間で辞める学生と、1年生から卒業まで活躍する学生に分かれることに気づきました。そこで、スタッフ全員で当法人において「活躍する人材」の共通点を探しました。**

例えば、「〇〇さんは司会を堂々とこなしていたよね」「〇〇くんはコツコツと真面目だった」など、ホワイトボードに思考・行動特性を書き出していると、全員が同時に「あっ、空手で黒帯！」と声をあげたのです。

「空手の黒帯」が示すもの

「空手の黒帯」を持つ学生には、当法人の企業文化そして組織風土にフィットする特定の思考や行動特性がありました。次ページにその代表例を3つ挙げます（あくまで当時の当法人に合ったものであり、各社で異なる点にご留意ください）。

①「道」を究める思考・行動特性が組織にフィット

当法人では、クライアントと共に粘り強く課題に取り組み、学び続ける姿勢が求められます。**空手の黒帯は、長期間の鍛錬を経て得られる称号であり、〝道〟を究めるための継続的な努力や自己鍛錬の象徴です。**この特性は、当法人の価値観に自然とフィットしていました。

②少数精鋭に必要な「自分に向き合う力」を持つ

当法人は少数精鋭の運営で、学生アルバイトにも大きな責任を担ってもらいます。**空手のような個人競技では、すべての結果が自分に返ってくるため、自己管理と「自分に向き合う力」が養われます。**この力が、クライアント先での活動や自己研さんに活かされていました。

③年長者からの信頼を得る「心・技・体」のバランス

顧客には企業経営者など年長者が多く、信頼を得るには礼儀（心）、技術（技）、身体（体）のバランスが不可欠です。**空手の黒帯は、この「心・技・体」を鍛えることで得られるため、黒帯を持つ学生は信頼を得やすく効果的に企業のサポートができました。**ちなみに、沖縄は「空手発祥の地」として空手人口が多いことも功を奏しました。

採用基準を通して企業文化を形成する

この基準の導入は、単に「武道経験者」を採用することが目的ではなく、当法人の企業文化や組織風土に合う人材を選ぶことにありました。空手の黒帯が持つ「道を究める姿勢」「自分に向き合う力」「心・技・体のバランス」は、当法人の大切にしているもの（価値観や判断基準）と一致し、企業文化の浸透と組織風土の一体感を生み出していたのです。

自社に合った採用基準を見つけるには

では、皆さまの会社で「空手の黒帯」のようなシンプルな採用基準をどう見つければよいのでしょうか？　そのための視点を「４つのステップ」でご紹介します。

ステップ１　組織で活躍する人材の共通点を見つける

まず、組織内で「活躍している人材」の特性をリストアップしてみましょう。**私たちがスタッフ間でのディスカッションを重ねて、「空手の黒帯」に気づいたように、社内で活躍している人たちには共通する「思考・行動特性」があるはずです。**

例えば、「粘り強く目標に取り組む」「他者への配慮がある」「新しいことにチャレンジする姿勢がある」など、その中で特に組織が求める価値観に合った特性を探してみてください。

ステップ2 **その特性をシンボル化する**

リストアップした特性をもとに、会社の企業文化や組織風土にマッチするシンプルな「フレーズ（基準）」を考えます。例えば、私たちの「空手の黒帯」は、「道を究める姿勢」や「自己と向き合う力」を象徴していました。

皆さまの会社でも、**活躍する人材の「思考・行動特性」をシンボル化できるような、わかりやすい基準やフレーズを見つけられると、採用の際の「不〇〇」がなくなります。**

ステップ3 **社内の成功事例を振り返る**

「活躍する人材」それぞれの採用時から、これまでを振り返り、その特性（思考、行動）がどのように育まれたのかを考えます。例えば、「学生時代に長期のスポーツ活動に打ち込んでいた人」「ボランティア活動でリーダーを経験した人」など、特性の背景に共通する経験や資格が見えてくるかもしれません。

ステップ4 **候補者との面談やコミュニケーションで基準を確認する**

最後に、**その特性が候補者に備わっているかを確認するための面談のポイントを考えておくとよいでしょう。**例えば、「粘り強さ」を基準にする場合、候補者にこれまで「粘り強く一つのことを続けた経験」や「粘り強いチャレンジで成し遂げたこと」などを尋ねることで、その人の特性が見えてきます。

「ステップ３」でピックアップしたようなエピソードと類似するものが多方面で複数出てくるのが望ましい形です。

自社の文化・風土に合った採用基準を見つけるには、まず「活躍する人材」の特性に注目し、それをシンボル化することが大切です。

シンプルでわかりやすい基準を設けることで、組織に合う人材を効果的に採用でき、長期的な企業文化や組織風土の醸成につながります。

次節では、熊本トヨタ自動車が取り組む組織改革を紹介します。担当営業制の「近代サッカー」型から、チーム制の「現代サッカー」型へ変革する事例で、「空手の黒帯」とは異なる視点から求める人材像や組織像を考えるヒントになるでしょう。

6 担当営業制「近代サッカー」型から、チーム制「現代サッカー」型への組織改革

近年、多くの業界で「チーム制」への移行が進む中、自動車販売業界では長年、「個人営業力」と「営業奨励金制度」を中心に売り上げを伸ばしてきました。

しかし、熊本トヨタ自動車では、「経営戦略」「業務実態」「人事戦略」の3つの視点から組織改革に着手し、〝チームで働く‼〟を念頭に、チーム制への移行を図っています。

現在、若年労働人口の減少に加え、若手世代では「働きやすさ×働きがいの両立」や「社会課題への強い関心と解決志向」といった内的動機が重視されるようになっています。この動機の変化に対応するため、企業では柔軟な人事戦略や価値観（≒企業文化や組織風土）の醸成がますます重要になってきます。

経営危機からの脱出（緊急対応の人的資源経営）

約10年前の熊本トヨタ自動車は、将来の環境変化を考えると決して安心できる状況ではありませんでした。井原社長が当時、営業本部長に就任して、「大躍進プロジェクト」を立ち上げ、⑴安定した収益の確保、⑵設備投資の拡大、⑶会社の持続的発展という3つの好循

環を目指しました。

この時期には、営業力を強化することを優先し「人的資源経営」に舵をきり、まずは、顧客数の増加に取り組みました。そのため、人材育成は必要最低限にとどめました。

様々な顧客数アップ施策が功を奏した結果、2014年と比較して2023年には、お客様数が122・2%、お得意様数が124・3%となり、新車販売台数は208・6%にまで伸長、売上高は約120億円から約240億円へと倍増しました。これは「売上高＝客数×客単価」の公式に沿った成果です。

ライフタイムバリューへの転換（未来志向の人的資本経営）

経営基盤が安定したことで、次の戦略として熊本トヨタ自動車が注力したのが「保有ビジネス」です。**これまでの新車販売だけでなく、中古車・保険・メンテナンスパック・割賦販売・携帯電話などのバリュー商品に注力。**さらには、熊本トヨタ会員制度をつくって、顧客との長期的で深い関係を築く取り組みにシフトしました。

こういった取り組みが功を奏し、2023年には熊本トヨタカード会員数が2014年比で258・4%となり、**顧客のライフタイムバリューを高めることで企業の持続的な成長へとつなげています。**

図で見る「近代サッカー型」から「現代サッカー型」への組織改革

ここで、**図表6－4**を使って、自動車販売業界における「近代サッカー型」から「現代サッカー型」への組織改革について見てみましょう。

図の左側が従前の「近代サッカー型（訪問&新規&縦割り型）」のスタイルです。ここでは、個人営業（FW）が主に販売を担当し、整備（MF）や本部（DF）はそれぞれの役割に専念していました。いわば、縦割りの組織体制で、営業担当者が商談のペースを決める、固定的な役割分担が特徴でした。

一方、図の右側は、現在の「現代サッカー型（来店&保有&チーム型）」のスタイルです。お客様のご自宅や会社を訪ねる訪問型から、ご来店いただくスタイルに変わり、営業・フロア・フロント・テクニカルスタッフ・店長・次世代リーダー・本部スタッフが連携して、全員で攻撃（営業）と守備（サポート）を担うようになりました。

まるで現代のサッカーのように、状況に応じてそれぞれが複数の役割を横断し、チーム全体で顧客対応を行う組織体制です。お客様は〝ふいに〟来店されることも多く、その際は従業員一人ひとりの「全体を俯瞰《ふかん》するチカラ」と「個人のスキルアップ」が重要になります。

図表6-4　自動車販売業界に見る「近代サッカー型」と「現代サッカー型」

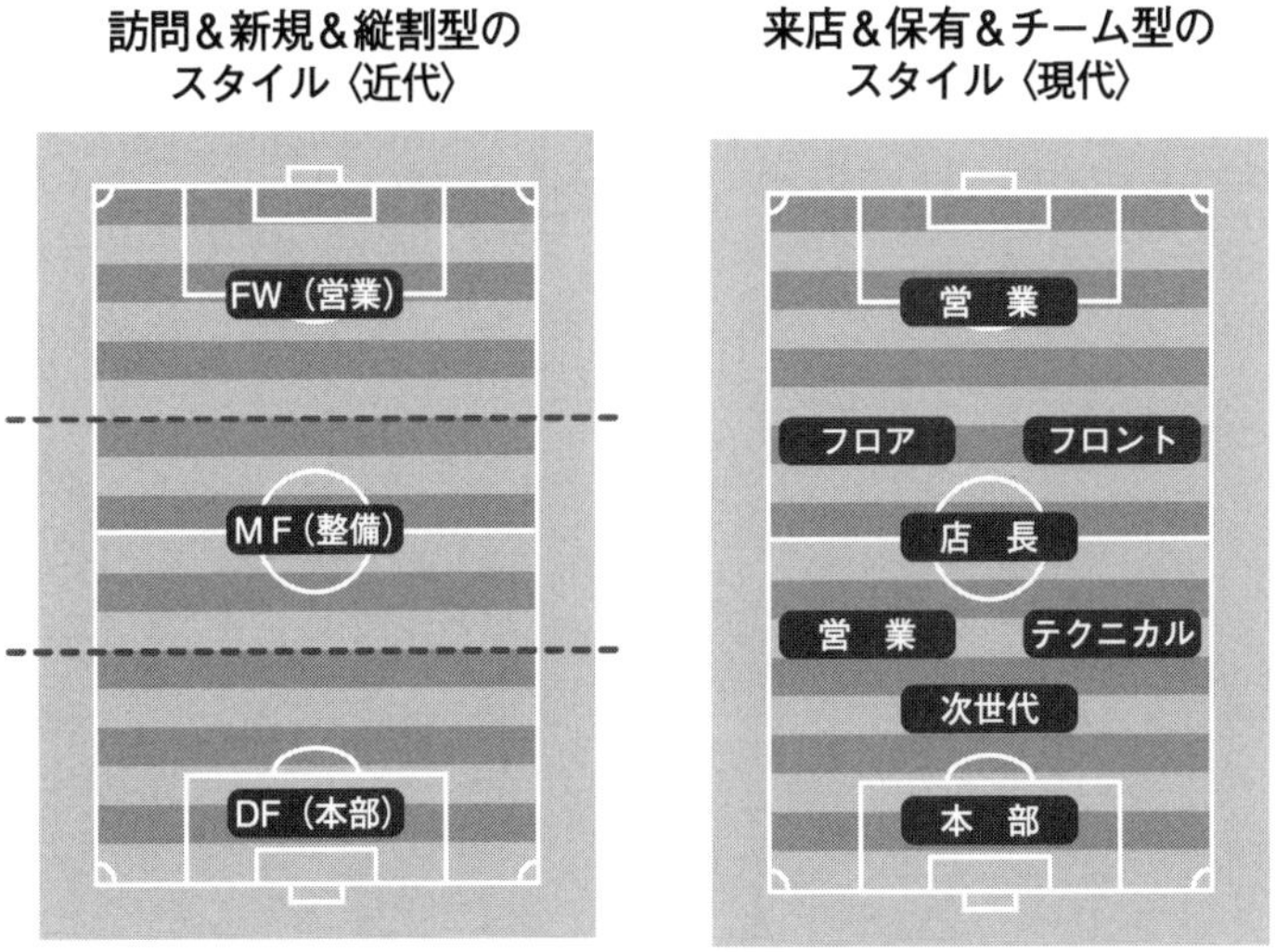

なぜチーム制が有効なのか

〝チームで働く!!〟チーム制への移行は、組織全体の「総合力」の向上につながります。

個人営業に頼る縦割りの体制から、チームで情報を共有し、顧客の多様なニーズに対応できるようになったことで、リピート購入やアップセルの機会が増加。**顧客との関係が強化され、効率的な営業活動が展開できるようになりました。**

また、組織改革を実現するためには、**図表6-5**に示すように戦略的かつ段階的に「人的資本経営」へシフトすることが重要です。

熊本トヨタ自動車では、「100年企業」を目指し、年に1回の「まち・ひと全社員研修」や「社内留学制度」など、従業員の成長とエンゲージメントを促進する様々な施策を展開。さらに、多様性のある職場づくりの第一歩として２０２３年７月から「ＷＷＢ(Women's Well-Being)」プログラムも開始しています。

人材戦略としての〝チーム制〟

少子化で新車販売の減少や新卒・キャリア採用の難しさが増す中、熊本トヨタ自動車は、**社員のライフステージに合わせた働き方を選べる環境を整備しつつあります**。チーム制にすることで、交代・シフトで日曜日にも休みが取れるほか、産休・育休、時短勤務など以前に比べて「働き方」の選択肢が増えるため、介護離職の防止にもつながります。

さらに、チーム制導入には「業務の標準化」と「利益の適切な分配」が重要です。**特に顧客情報や商談履歴の共有を徹底することで、チームの誰もがスムーズに顧客対応できる環境をつくり上げています**。これにより、社員が長く働き続けられるだけでなく、顧客・社員・組織全体の「幸福度（ウェルビーイング）」を向上させることを目指しています。

また、柔軟な働き方により、退職した社員（アルムナイ＝卒業生）が再び戻ってくる可能性も高まり、人的資本の強化につながっています。こうした「チームで働く!!」の姿勢は、組織全体の持続的な成長に寄与する重要な人材戦略の一つなのです。

図表6－5　熊本トヨタ自動車の100年企業への取り組み（一部抜粋）

100年企業

創業87年

2024.08~10	全社員研修「チームで働く！　事業の持続性アップ＆多様性のある働き方（ライフ＆キャリアデザイン）」の実施
2024.07~	ＮＬＰ（次世代リーダー発掘・育成プログラム）の開始 社内公募 ― 経営戦略の“伝道師”＆組織変革の“実践者”育成
2024.06~	社長と部長との定期ミーティングの開始 経営戦略 ― 事業戦略 ― 人事戦略の落とし込み（≒経営幹部育成）
2024.05~	新任・異動店長・課長向け「月イチ羅針盤」を開始 昇格・異動時の不○○を解消する“1on1のガイディング”
2024.01	「車を扱い始めて100年（100年くるま漬け）」を広告出稿 熊本トヨタの前身：ヨナワ商会（漬物屋）1924年に自動車販売開始

人材活躍５分野15項目アンケート結果に基づく施策アップデート

2023.12~	「経営に資する総務課プロジェクト」を実施・展開
2023.11~	「社内留学制度」を開始（属人化の防止・部署間の交流）
2023.08~10	全社員研修「不の解消＆アンガーマネジメント」
2023.08	高校生～大学生向け「1Day-SDGsプログラム」実施
2023.07	多様性プログラム第1弾 ― WWB（女性活躍）開始
2023.06~	店長・課長向け ― HCM（人材育成＆組織開発）開始
2023.04	熊本トヨタ自動車の「ESG」テーマを社内外に向け発表

人的資本経営の課題把握と土台づくり第一弾完了⇒本格展開へ

2023.04~06	全店舗・全部署の従業員ヒアリング（５～８名）
2023.01~06	全店舗・全部署の部長・店長・課長ヒアリング
2022.11~12	店長・課長向け「不の解消マネジメント」研修（応用）
2022.09~10	創業85年の歴史で初めて、全社員約300名が同じ内容の研修「不の解消＆活躍の方程式」受講（組織のOS）
2022.08~09	店長・課長向け「不の解消マネジメント」研修（基礎）

創業85年

チーム制に求められる人材像とは

これまでは、「売上を上げると店長に昇格」「整備の上級資格を取ると出世」といった、個々の業績やスキルが昇進の指標でした。しかし、熊本トヨタ自動車では、チーム制への移行に伴い、特に、管理職に求められる資質を大きく見直しています。

今後の管理職には、単に業績の向上や人材育成（能力伸長ースペック向上）だけでなく、組織開発（実力発揮ーパフォーマンス向上）に関する知識・経験が求められるようになりました。いわば、社会関係資本と心理的資本の部分です。

部長・課長・店長向け「人的資本マネジメント研修」との連動効果

そこで、「まち・ひと全社員研修」以外の個別プログラムとして、最初に着手したのが、部長・課長・店長向けの「ＨＣＭ（人的資本マネジメント研修）」です。

２０２３年６月から毎月１回開催しており、内容は組織の土台（ＯＳ）である「不の解消マネジメント（活躍の方程式）」（１２６ページ）を中心に展開しています。その他にも、人材育成や組織開発の基礎知識や他社事例の学習だけでなく、「社内留学」の受け入れプログラムの作成や半年に１回の「人材開発会議」など、幅広いテーマを扱っています。

こうした取り組みにより、チーム制の基盤となる「人を育てられる人材」や「組織の風土を醸成できる人材」が少しずつ育ってきています。その結果、「人材活躍5分野15項目」（148ページ）の従業員アンケートでは、以下の3項目で10ポイント以上の改善が見られました。

2－3　相互に学び支援し啓発し合う組織（60・00％、昨年比13・18％の改善）
3－3　明確なキャリアパスと成長の継続（63・73％、昨年比14・67％の改善）
4－3　長期的なリーダー・専門人材の育成（54・58％、昨年比11・13％の改善）

チーム制への変革がもたらす組織の進化

これらの改善は、「社内留学制度」や「次世代リーダー発掘・育成プログラム」などの複合的な施策の効果が反映されている結果といえます。同社の取り組みは、チーム制の導入が組織の持続的成長にいかに寄与するかを示しています。**チーム制は、単に業務効率を上げるだけでなく、組織全体での人的資本の活用と企業文化・組織風土の醸成を実現します。**

今後の課題としては、さらなる「組織開発」や「人材育成」の強化が挙げられますが、今回の取り組みは、100年企業を目指すうえでの重要な一歩といえるでしょう。

7 「沖縄のやさしさ」×「大阪のおせっかい」＝新時代「コンタクトセンター」へ

これまでの章では「人的資本経営とＥＳＧ思考」や「企業文化・組織風土の醸成」に焦点を当ててきましたが、本節では、これらを実践するモデル企業として情報工房株式会社（大阪府大阪市：代表取締役 宮脇一）をご紹介します。

同社は、人的資本に加えて、社員の社会関係資本や心理的資本を重視し、独自の企業文化と組織風土醸成によって、大手食品メーカーや女性用下着商社、健康食品会社などの顧客対応を行い、従来のコンタクトセンター業界とは一線を画しています。

情報工房では、２０１８年から「活躍＝能力×状態（活躍の方程式）」や「実力発揮マネジメントカード」などをスタッフとの対話やコーチングに活用していただいております。

情報工房株式会社の概要と企業理念

宮脇社長は、業界の講演会で「自分の家族や子どもにコンタクトセンター業界を勧められるか？」と問いましたが、誰も手を挙げませんでした。

この現状に課題を感じ、「社員が誇りと幸せを持てる職場をつくりたい」という思いから、

2001年に情報工房を設立しました。

同社は、電話やメール、チャットでの顧客対応を「顧客との対話を通じた信頼関係の構築活動」として捉えています。単なる業務処理ではなく、顧客の本音やニーズを丁寧にくみ取り、その情報をもとにクライアント企業の新たな事業戦略を提案することが、情報工房の企業理念の基盤となっています。

「人柄採用」と「利他の精神」による組織づくり

情報工房の特徴的な取り組みの一つが「人柄採用」です。一般的な企業がスキルや経験（人的資本）を重視するのに対し、情報工房では「利他の精神」を持つ人を採用しています。

これは、**スキルに加え、仲間や顧客を大切にする「内面の価値（社会関係資本と心理的資本）」を重視する同社の姿勢を示しています。**

新入社員（中途採用を含む）には、採用後2年間にわたり丁寧な指導とサポートを行い、創業以来22年間で離職率を5％以下に抑えています。この数字は業界内でも非常に優れており、同社の「利他の精神」を基盤とした企業文化が社員の定着率を支えているといえます。

また「利他の精神」は、社員にとってわかりやすい「うそはやめよう」「ずるはしない」といったシンプルな行動指針として共有され、組織風土の強化に一役買っています。

「人を大切にする」8つの仕事観と「優秀」の定義

情報工房が掲げる「8つの仕事観」には、「顧客を知ることが最優先の仕事」「仲間がいるから頑晴れる」など、ポジティブな姿勢と顧客や仲間を大切にする考え方が示されています。

このような仕事観は、一般的なコンタクトセンターと比較しても社員の幸福度や成長意欲を強く重視する企業文化と、それを支える組織風土を際立たせています（図表6－6）。

さらに、同社では**顧客対応を「お客様の心に寄り添う活動」と捉え、「優秀とは優しさに秀でた人である」という理念を掲げています。**お客様の声に丁寧に耳を傾け、企業と顧客との信頼関係を築くことで、効率やコスト削減を追求する一般的なコンタクトセンターとは異なる独自の価値を生み出しています。

人材育成に投資する「5％ルール」

情報工房のもう一つの特徴的な取り組みが「5％ルール」です。**社員との「対話と教育」に就業時間と売上の5％を投資しており、社員同士の絆と信頼（社会関係資本）や自信と調和（心理的資本）も向上させる仕組みです。**このルールによって顧客対応の質が向上し、企業の持続的な発展が実現されています。

図表6－6　情報工房と一般的なコンタクトセンターのアプローチの比較

項目	情報工房	一般的なコンタクトセンター
採用方針	「人柄採用」利他の精神を重視	スキルや経験を重視
人材育成	「5％ルール」対話と教育への継続投資	教育はコスト、効率性を重視
顧客対応	顧客との対話を重視し、平均の約2倍の会話時間を確保	業務効率・コスト削減を優先
サービス	企業への提案・コンサルティング業	販売や顧客対応の代理業

この比較から、**情報工房が「事業の発展＝人的資本×社会関係資本×心理的資本」というモデルを実現していることがわかります。**

コンタクトセンター事業において「人」が商品そのものであるため、社員のスキルと心を磨き続けることが事業成長のカギとなっています。

社員の「幸福と成長」を重視した「マトリクス組織」

情報工房では、新入社員を支援するため、直属の上司（チーム長やタスク長）に加えて「ナナメの関係」としてコーチ・トレーナー・メンターがサポートする「マトリクス組織」を採用しています（図表6－7）。

1人の社員には5名の支援者がつくことになり、一般企業と比べると「非効率」に思われるかもしれ

図表6－7　タテ・ヨコ・ナナメの関係で「成長率と定着率アップ！」

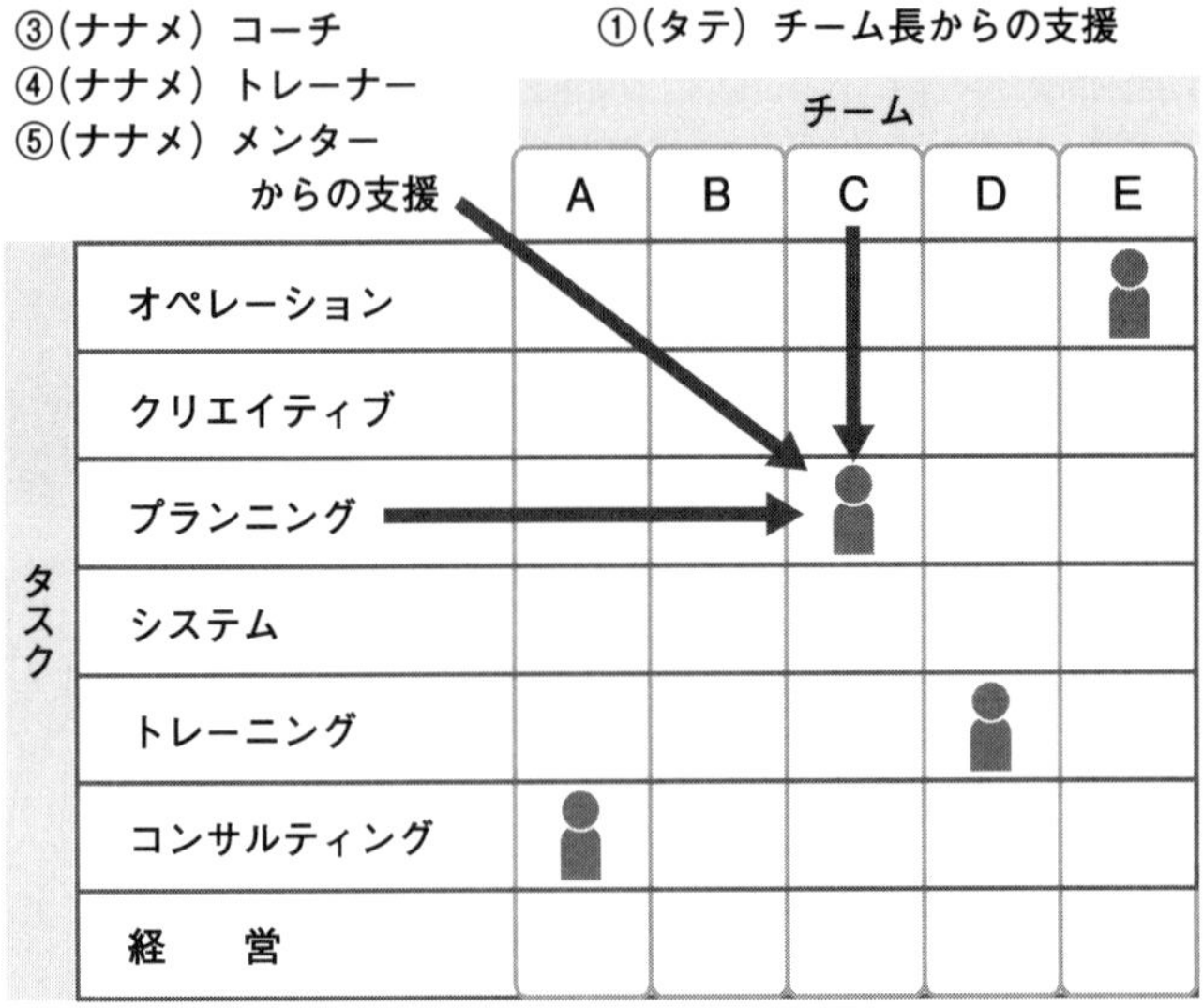

ませんが、これが心理的な支えとなり、スキルアップのスピードを加速させ、社員の成長率と定着率が高まる大きな要因となっています。

この「非効率こそ利益の根源」という考え方は、効率追求が主流であった時代とは逆の発想で、社員一人ひとりを大切にする情報工房の基本姿勢や先見性を象徴するものです。

安心して働ける環境〈その1〉
――「社長ごはん」という気づき

情報工房では、社員の安心をサポートするための「社長ごはん」という取り組みがあります。

8年前、ある新入社員が地元を離れ

て入社しましたが、次第に元気がなくなっていく様子に気づいた宮脇社長が「仕事つらいんかー？」と声をかけました。

すると、社員は「仕事はつらくないけど、炊事や洗濯が大変です……」と話したため、社長は「明日からご飯を炊くから、朝早く来て一緒に食べよう」と提案しました。

この提案がきっかけで社員も元気を取り戻し、それ以来、毎朝の「社長ごはん」が社内に温かな香りを広げ、社員にとって「安心できる環境」の象徴となっています。

安心して働ける環境〈その2〉――「グラン事業部の存在価値」

情報工房には、最も活気あふれる「グラン事業部」というチームがあります。設立当初40代だった社員たちも年を重ね、65歳を超えて定年を迎えるようになりましたが、長年共に頑張ってきた社員から「まだまだ働きたい」との声が多くありました。

加えて、**ハローワークでの再雇用の選択肢が限られている現状を受け、65歳以上も活躍できる場として「グラン事業部」が設立されました。**

このチームの目標は「若手をサポートし、自分たちが生き生きと働くことで後輩の希望になること」。スローガンは「日々成長：合言葉は、喜んで」です。また、現在は「社長ごはん」もグラン事業部が担当しており、同社は実質的に「定年廃止」を実現しています。

「沖縄のやさしさ」×「大阪のおせっかい」の融合

２０２４年10月、情報工房は首里石鹸などで知られる株式会社コーカス（現：株式会社首里石鹸）のコンタクトセンター事業部を引き受け、新たに「株式会社Ｃｏｒｃｕｓ（沖縄県那覇市壺川《つぼかわ》）」として事業を開始しました。Ｃｏｒｃｕｓも宮脇社長が代表を務めています。

「人を中心にした」コンタクトセンターである、株式会社Ｃｏｒｃｕｓでは、「沖縄のやさしさ」と「大阪のおせっかい」を融合させたサービスの提供を目指しています。

沖縄特有の優しさを取り入れつつ、大阪のフレンドリーな接客スタイルを掛け合わせることで、心のこもった顧客対応を実現しています。

この独自のサービススタイルは、顧客のニーズを深く理解し、企業との強い信頼関係を構築するという情報工房の理念に基づいたものです。

「人的資本経営とESG思考」×「企業文化と組織風土の醸成」のモデルケース

情報工房株式会社と株式会社Ｃｏｒｃｕｓの取り組みは、まさに「人的資本経営とＥＳＧ思考」および「企業文化と組織風土の醸成」を体現したモデルケースです。

両社は、**社員一人ひとりの成長と活躍を通じて顧客満足と持続的成長を実現し、顧客との揺るぎない信頼関係を築き上げています。**その基盤には「人」を中心に据えた独自の組織風土が根づいており、「地球に優しい（E）」と「人に優しい（S＋G）」についても自然なスタイルで取り組まれています。

「沖縄のやさしさ」×「大阪のおせっかい」の融合による新展開は、情報工房の柔軟かつ革新的な企業文化を象徴しており、企業が組織の成長と社会との関わりを再構築するための指針となるものです。

この取り組みは、単なる効率重視や短期的な利益を超え、「人的資本×社会関係資本×心理的資本」を基盤とした深みのある新時代のコンタクトセンター（ビジネスモデル）の価値を、今一度、私たちに強く訴えかけています。

次節では、「企業文化診断」を通じて、自社の企業文化（組織風土を含む）を可視化・言語化・資本化するワークをご紹介します。

8 ワーク

「企業文化診断」であなたの会社を可視化・言語化・資本化しよう

これまで企業文化や組織風土の醸成について触れてきましたが、**それらを実現していくためには、自社の企業文化を客観的に可視化・言語化・資本化することが重要です。**

そこでご紹介するのは、先の「人材育成推進者養成講座」において、インヴィニオ・土井哲氏からご教授いただいた企業文化（組織風土を含む）を診断する「2軸4象限」のフレームワークで、今回はそのアレンジ版です。この診断により、組織の価値観、リーダーシップスタイル、意思決定の特徴などを具体的に把握できます。

企業文化診断の2軸4象限とは

企業文化を診断する際には、「組織が内部（組織・従業員）か外部（市場・顧客）のどちらに注目しているか」を示す横軸と、「柔軟性か統率性のどちらを重視しているか」を示す縦軸の2軸で構成される4象限のマトリックスを使用します。

これにより、企業文化を**図表6－8**のように4タイプに分類することができます。

図表6－8　４つの企業文化マトリックス

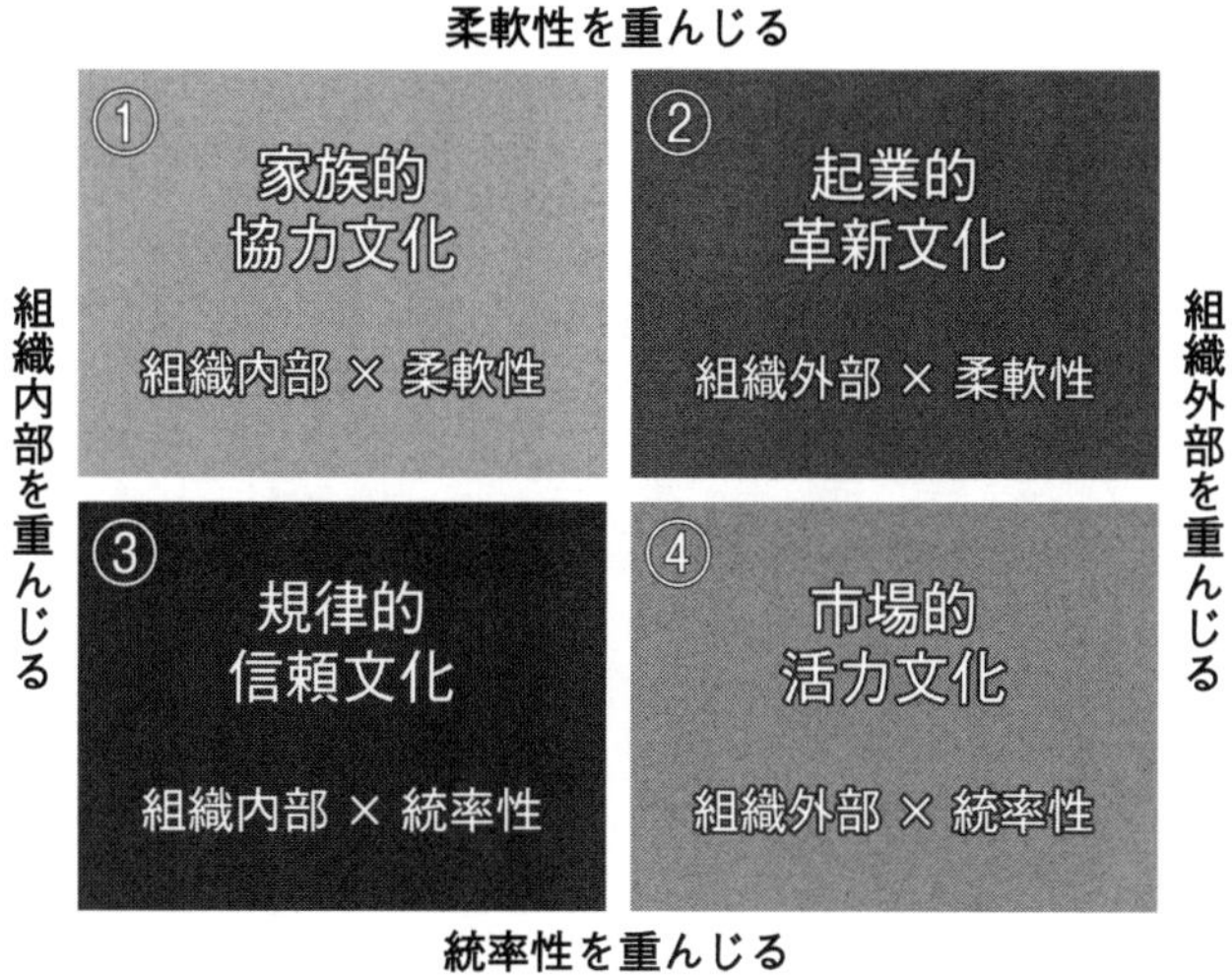

① **家族的協力文化【組織内部×柔軟性】**

- **価値観**：チームワーク、信頼、共同体意識。
- **特徴**：リーダーはメンター的存在で、社員の成長を重視。
- **意思決定**：協議や合意形成を重視し、社員の意見や感情が考慮される。
- **例**：家族のような温かさと協力が組織の中心。チームの一体感と個々の成長を大切にする文化。

② **起業的革新文化【組織外部×柔軟性】**

- **価値観**：創造性、新規性、挑戦。
- **特徴**：リーダーはビジョナリーであり、新しいアイデアやプロジェクトを奨励。
- **意思決定**：柔軟で迅速、リスクを恐れず新しいことに挑戦する。

●**例**：新しいアイデアを積極的に試し、失敗を恐れないチャレンジ精神が強い文化。

③ 市場的活力文化【組織外部×統率性】

●**価値観**：競争優位性、スピード感、目標達成。

●**特徴**：リーダーは目標達成を意識したマネジメントを行い、結果を重視。

●**意思決定**：データや市場分析に基づき、迅速かつ効率的に行う。

●**例**：市場での競争優位性を保つため、目標と結果を重視し、常に外部環境に敏感な文化。

④ 規範的信頼文化【組織内部×統率性】

●**価値観**：安定性、効率性、ルール遵守。

●**特徴**：リーダーは管理者として、組織の秩序や効率を維持。

●**意思決定**：ルールや手続きに基づき、慎重に行う。

●**例**：組織の安定と効率を重視し、明確なルールと手続きに従って業務を進める文化。

第1章
第2章
第3章
第4章
第5章
第6章

図表6－9　文化タイプ別の強みと課題（抜粋）

文化タイプ	強　み	課　題
家族的協力文化	高い信頼関係、相互支援の体制	効率性や競争力の向上が必要
起業的革新文化	創造的、リスクをとる姿勢	安定性や一貫性の確保が必要
市場的活力文化	結果重視、迅速な意思決定	社員満足度の向上が必要
規範的信頼文化	安定性、一貫性の維持	柔軟性や革新性の向上が必要

企業文化診断の意義と見えてくるもの

企業文化診断を行うことで、組織がどのような価値観を持ち、どのように意思決定をしているかを可視化できます。

4象限のフレームワークを用いて、現場での意思決定プロセスやリーダーシップスタイルを把握することで、自社の強みと課題、そして目指すべき方向性が明確になります。

例えば、「家族的協力文化」が強い企業はチームワークを重視し、社員のエンゲージメント（関係人口）が高い傾向があります。

しかし、その一方で効率性や市場における競争力の向上が課題となるケースもあります。

さらに、「市場的活力文化」では、競争優位性を強みに目標達成を重視しますが、社員の満足度やチームワークの醸成に課題が生じる可能性があります。このように診断結果をもとに、企業の人的資本戦略や組織改革の方針を立てることができます。

管理職と一般職への質問で企業文化を診断

企業文化診断では、役職によって異なる質問を行います。

- **管理職に対して**：日常業務の様々な場面において、「どのように意思決定しているか？」「どんな行動をとっているか？」など、組織全体の方針や判断基準に関する質問を通じて、企業文化のコア部分を探ります。
- **一般職に対して**：「あなたの目から見て職場のリーダーは？」など、現場の雰囲気やリーダーシップに関する質問を通じて、日常的な組織風土を把握します。

《ワークの進め方》

ステップ1　自己診断

自身の立場に基づき、「企業文化診断」の質問シート（巻末「読者特典」）の設問に回答します。自身が感じる日々の意思決定やリーダーシップスタイルについて振り返りましょう。質問シートを使わない場合は、**図表6－8**および**6－9**の内容をもとに、スタッフ同士で感想や意見を交換します。

ステップ2　組織の現状把握と対比分析

組織全体の文化を把握します。自社がどの象限に属するかを確認し、組織の強みと課題を見つけ出します。さらに、組織の現状に当てはめて分析します。

ステップ3　診断結果の共有と議論

診断結果を共有し、組織内で共通の価値観や行動指針について話し合います。現状の企業文化が、自社のビジョンや目標に合致しているかを検討し、組織改革の方向性を見定めましょう。なお、日本・アメリカ・イギリスなど、それぞれの国には、それぞれの文化の特徴があります。**文化そのものには【良いも悪いもない】ものです。ただし、今後の目指したい方向性と企業文化・組織風土が合っているか？　今の企業文化・組織風土で問題はないのか？**　という点を考えることが大切です。

診断結果から見えてくるものと活用方法

診断結果を共有することで、組織の強みと課題を明確にできます。例えば、以下のような活用方法を考えてみましょう。

①**強みの活用**：企業文化の強みを戦略やビジネスモデルに反映させ、組織のパフォーマンスを向上させます。

②**課題の克服**：診断で見えた課題に対して組織改革やリーダーシップの見直しを検討し、改善策を実行します。

③**文化の進化**：組織のビジョンに沿った文化へ進化させるため、日々の意思決定やコミュニケーションの改善を実施します。

まとめ **「企業文化診断」と人的資本経営**

企業文化は社員のモチベーションやパフォーマンスに大きく影響し、競争優位性を生み出す重要な要素です。この診断を定期的に行い、強みを活かしながら課題に取り組むことで、理想の企業文化・組織風土に一歩ずつ近づいていくことが可能です。

例えば、元Ｚａｐｐｏｓ（アメリカのオンラインショッピングサイト）のＣＯＯアルフレッド・リンが示した**「企業文化は、行動規範であり、組織を一つの方向にまとめ、安定性と信頼性を生み出す。不要な人を排除し、必要な人を引きつける」という原則**を活用すれば、診断結果に基づき、組織の方向性（経営戦略－事業戦略－人事戦略）をより明確に導くことができます。

企業文化は、組織の未来を指し示す羅針盤です。強みを活かし、課題を成長のチャンスとして捉え、変革に向けて行動を起こしましょう。

ぜひ、巻末の「読者特典」で提供している「企業文化診断」の質問シートを活用して、自社の文化・風土を深く理解し、人的資本経営の向上に役立ててください。

なお、株式会社インヴィニオ（東京都港区：代表　土井哲）**は、より詳細で効果的な「デニソン組織文化診断」を提案しています。興味のある方は、ぜひお問い合わせを。**

土井さんは、慶應義塾大学・高橋教授、明治大学・野田教授とともに、当法人の活動に、10年以上前からご尽力をいただいております。

第1章 第2章 第3章 第4章 第5章 第6章

9
ワーク

ボールパス・チャレンジで体感する「理想のチーム」づくり

第6章では、「企業文化（理想の姿）」や「組織風土（実践行動）」についてお伝えしました。ここで重要なのは、経営者や会社が掲げる「企業文化」や「組織風土」を、従業員がどれだけ明確にイメージできているかという点です。

例えば、職場でよく耳にする「いい感じに仕上げて！」という指示。この「いい感じ」は人によって捉え方が異なります。

同様に、「急ぎでお願い！」の「急ぎ」も人それぞれです。つまり、**〝イメージを共有できていなければ、マネジメントは効果的に機能しない〟のです。**

そこで、ご紹介する「ボールパス・チャレンジ」は、「理想の組織像」を体感的に「イメージし、マネージできる」ようにするためのワークです。

熊本トヨタ自動車「まち・ひと全社員研修２０２４」や、全国50社以上で実施しており、大きな効果があるプログラムです。参加者からは次のような声が寄せられています。

・「ボールパス・チャレンジを通して、〝チームで働く‼〟の効果を身をもって体感しました。チームでお互いの強み・弱みを共有し、全員で目標に取り組むことで、メンバー同士の〝絆〟がより強くなりました」

・「**異なる店舗・部署・役職のメンバーと、理想の〝チーム〟をわずか1日で体感することができました。**早速、ハンドボールのコーチにも取り入れたいと思うほど効果的です」

《ボールパス・チャレンジの実践方法》

ステップ1　事前のレクチャー

まず、「理想のチーム」とはどんな状態かを説明し、各自にイメージしてもらいます。

例えば、「不のないチーム（変化対応型×未来志向型×全員参画型）」とはどのようなものか、といった問いを投げかけて、4人1組でディスカッションを行います。

さらに、これまでに部活やイベントなどで経験した「理想的なチーム」のエピソードやその理由などを共有しておくと、「ボールパス・チャレンジ」の研修効果がさらに高まります。

ステップ2　準備作業

各自にA4用紙5枚（裏紙推奨）を配布し、そのうち2枚を丸めて紙ボールを1個作ります。8名～12名を1チームとして円を作り、ボールを持って集まります（**図表6－10**）。

ステップ3　実際のワーク

左隣の人に〝ふわっ〟とボールをパスします。同時に右隣の人からパスされるボールを受け取ります。この動作を60秒で60回（1秒に1回のペース）続けられたら目標達成です。「では、スタート！」の合図で始めます。

ステップ4　理想（成功）イメージの共有

最初の5分程度は失敗が続き、「60回なんて無理なんじゃない？」といった空気感が漂い始めます。そこで、人事メンバーなどで**事前に撮影しておいた「60秒で60回」達成の動画を視聴してもらって理想の姿（成功）のイメージを共有します。**

その後、自然とチーム内で動画から得られた成功ポイント（理想とされる実践行動）についての話し合いが始まり、自主的に練習が再開されます。ボールが小さくて「投げにくい」「取りにくい」と感じられる場合は、用紙を足すこと（最大5枚まで）も可能です。

図表6－10　ボールパス・チャレンジのイメージ

「ボールパス・チャレンジ」

ボールを持った複数人（8～12名がお勧め）が円になり、掛け声とともに全員が一斉に、左隣の人に“ふわっと”パスします。それと同時に右隣の人からパスされたボールも受け取ります。この動作を60秒で60回（1秒に1回のペース）、途切れることなく連続でクリアできたら、チャレンジ成功です。

ステップ5　ワークの設計

終日研修の場合、午前の研修の最後にワークを行い、ランチタイム（90分で設定）のうち30分を練習に充ててもらいます。

そして、研修終了後の17時に本番の「ボールパス・チャレンジ」を行い、60回連続でパスを成功させたチームから順に解散とします。

半日研修（3〜4時間）の場合は、1時間程度の「活躍の方程式（不の解消）」や「チームで働く!!とは」「リーダーシップについて考える」などのテーマで講義を行い、休憩後に「ボールパス・チャレンジ」を行います。なお、半日研修では時間も限られるので、ボールパスは、最大1時間と時間を決めて設計します。

ステップ6　振り返り→経験の資本化

半日研修では、最後の30分〜1時間程度、終日研修（成功チームが解散の場合）は、レポートなどで「ボールパス・チャレンジ」をクリアした理由（能力は変わらないのに実力発揮・パフォーマンスできた理由）について、振り返る機会を設けます。それによって、経験を可視化・言語化・資本化して、今後の「思考・行動変容」につなげていきます。

この「ボールパス・チャレンジ」については、前後の「意味合い」を変えることで、

「PDCAサイクル」や「リーダーシップ研修」などにも応用できます。

これにより、個々のスキルやチーム力を高めるだけでなく、組織全体での共通の「イメージ」や「価値観」を共有し、実践につなげる力を養います。

ちなみに、過去最高記録は248回です。ぜひ、あなたの会社や組織で300回のクリアを目指してみてください。

このチャレンジを通じて、「個々の成長」や「チームの連携」を体感して「イメージ」することが、「人的資本×社会関係資本×心理的資本」の強化につながり、持続的な企業文化と組織風土を築く一歩となります。

「人的資本経営」の推進に向けて、全員で一体感を持って取り組んでいきましょう!

10

まとめ

人的資本経営とは「人材育成×組織開発×文化醸成」

いよいよ本書のまとめです。第1章から第6章までの内容を振り返り、「人的資本経営とESG思考」の実践に欠かせない「キーワード」と重要な考え方を整理・解説します。そして、**「人的資本経営＝人材育成×組織開発×文化醸成」が持つ意義についても考えていきます。**

〈第1章〉 事業の発展には「持続的な個人の活躍」を叶える「人的資本経営」が必須

キーワード 人的資源は「損益計算書」、人的資本は「貸借対照表」

●**解説**：人的資源経営では、社員を「費用・管理・消費」という短期的な観点で捉えます（損益計算書的）。それに対して、人的資本経営は、社員を「元手・運用・投資」として捉え、長期的な価値向上を目指します（貸借対照表的）。

〈第2章〉 「ESG」との融合が「人的資本経営」に相乗効果をもたらす

キーワード ESGは「地球に優しい（E）」と「人に優しい（S+G）」

●**解説**：ESG（環境・社会・ガバナンス）は、持続可能な経営を支えるフレームワークです。特に「社会（S）」と「ガバナンス（G）」は人的資本経営と密接に関係しており、社員の育成や組織の健全な運営が持続的成長の基盤になります。

〈第3章〉　人的資本を活かす「絆と信頼（社会関係資本）」と「自信と調和（心理的資本）」

キーワード　活躍の方程式「活躍＝能力×状態」

●**解説**：社員が活躍するためには、能力だけでなく、その時々の社会的なつながり（社会関係資本）や心身の状態（心理的資本）が重要です。「社会関係資本」と「心理的資本」を高めることで、社員のパフォーマンスが最大化されます。

〈第4章〉　経験を成長・成果につなげて組織を変える——「経験の資本化」

キーワード　フィードバックとは「資本を与える」こと

●**解説**：従業員の成長を促すフィードバックは、単なる評価や指摘ではなく、成長のための「資本」として捉えるべきです。一人ひとりの日々の経験を資本化し、組織全体で共有することで、持続的な成長を実現できます。

〈第5章〉 これからの「戦略人事の役割」と「人的資本開示」

キーワード エンゲージメントは「関係人口」

●**解説**：「関係人口」とは、従業員だけでなく、家族、取引先、顧客、地域社会など、組織に関わるすべての人々を指します。情報開示やキャリア自律の推進により、エンゲージメント向上や離職率低減を目指します。

〈第6章〉 成功のカギは「企業文化」と「組織風土」

キーワード 「社員が主語」の会社づくり

●**解説**：人的資本経営においては「企業文化」と「組織風土」が成功のカギです。理想像の浸透（トップダウン）と現場の実践（ボトムアップ）が一体となった取り組みが重要であり、その中心にあるのは〝社員〟です。

〈まとめ〉 人的資本経営＝人材育成×組織開発×文化醸成

人的資本経営とは、「人材を育て」「組織を開発し」「文化を醸成する」ことで、持続可能な成長を目指すアプローチです。これらの要素がかみ合うことで、従業員一人ひとりが活躍できる環境が整います。その結果、事業が発展し、組織が持続的に成長していきます。それこそが〝社員が主語〟の人事戦略となるのです。

●**人材育成**：時代に合わせて新たなスキルや考えを身につけ、能力を向上させること。

●**組織開発**：従業員の能力を最大限に発揮させ、組織のパフォーマンスを高めること。

●**文化醸成**：人材育成と組織開発の重要性を理解し、社員が主体的に活躍し続けられる企業文化と組織風土を育てること。

これら3つの「人材育成×組織開発×文化醸成」が一体となって初めて「人的資本経営」は単なる人材管理を超えて、組織全体を未来へと導く「成長エンジン」となります。

これからの日本社会において、企業が〝個人の活躍〟と〝事業の発展〟、そして〝組織の成長〟を同時に実現し、「働く人と組織、そして、ニッポンを元気にする」ために、皆さまで共に力を合わせて、「はじめの第一歩」を踏み出していきましょう。

おわりに

地域の人事部として

思い返せば、14年前、慶應義塾大学の高橋俊介教授や明治大学の野田稔教授との出会いをきっかけに、私たちは沖縄県で「地域の人事部」としての歩みを始めました。

２０１１年、全国に先駆けて開始した「Ｇｕｔｓインターンシップ」では、10年間毎年、沖縄県内の中小企業30社と大学1～2年生１００名をつなぎ、座学研修や企業実習を通じて、沖縄県が抱える「若手の早期離職」という大きな社会課題に取り組んできました。

さらに、２０１２年からは「沖縄県人材育成企業認証制度」と「人材育成推進者養成講座」の事務局を担い、中小企業の経営者や管理職、人事担当者の皆さまに向け、人材育成や組織開発に関する講義とコンテンツを提供し、沖縄県内の企業に対して「働きやすさ×働きがい」の概念を根づかせる支援と活動を続けてきました。

当時、「地域の人事部」という言葉はまだありませんでしたが、私たちは10年以上にわたり、地域社会全体における「人的資本」の価値を引き出し、人材が相互に成長、活躍する「プラットフォーマー」としての役割を担ってきたことを誇りに感じています。

この取り組みは今、沖縄から熊本へと軸足を広げ、2023年から、沖縄と熊本の地域を越えた枠組み「未来から愛される会社®塾」という形でさらなる発展を遂げています。

本書のテーマである「人的資本経営とESG思考」は、企業の枠を超えて地域全体に活力をもたらすべきものです。地元に根ざした人材が継続的に成長し、多様な能力と情熱を事業活動を通じて社会に還元することで、地域はより強く柔らかく豊かなものへと変わります。

私たちはこれからも「地域の人事部」として企業や地域、そして、そこで活躍する人々を支え、共に未来を切り開いていく決意を新たにしています。

本書がその一助となり、「人的資本経営とESG思考」に「社員が主語の組織づくり」と「地域の人事部」という新しい価値観が加わることで、皆さまの実務で確かな力となることを、心より願っております。

２０２５年３月

白井　旬

『罰ゲーム化する管理職　バグだらけの職場の修正法』小林 祐児（著）、集英社インターナショナル、2024年

『静かに退職する若者たち　部下との1on1の前に知っておいてほしいこと』金間大介（著）、PHP研究所、2024年

『ゆるい職場　若者の不安の知られざる理由』古屋星斗（著）、中央公論新社、2022年

『なぜ「若手を育てる」のは今、こんなに難しいのか　“ゆるい職場”時代の人材育成の科学』

古屋星斗（著）、日経BP、2023年

『こうして社員は、やる気を失っていく』松岡保昌（著）、日本実業出版社、2024年

『自分らしいライフキャリアの描き方　五感で捉えて描く［チーズ式］ライフキャリアデザインの本』長野知鶴（著）、形式：Amazon Kindle、2022年

『精神科医が見つけた　3つの幸福　最新科学から最高の人生をつくる方法』樺沢紫苑（著）、文響社、2021年

『脳を最適化すれば能力は2倍になる　仕事の精度と速度を脳科学的にあげる方法』樺沢紫苑（著）、飛鳥新社、2024年

『タテ社会の人間関係　単一社会の理論』中根千枝（著）、講談社、1967年

『ソーシャル・キャピタル入門　孤立から絆へ』稲葉陽二（著）、中央公論新社、2011年

『心理的資本をマネジメントに活かす　人と組織の成長を加速する「HERO」を手に入れる』開本浩矢（著）、橋本豊輝（著）、中央経済グループパブリッシング、2023年

『こころの資本　心理的資本とその展開』フレッド・ルーサンス(著)、キャロライン・ユセフ=モーガン(著)、ブルース・アボリオ(著)、開本浩矢(翻訳)、中央経済社、2020年

『組織の未来はエンゲージメントで決まる』新居佳英(著)、松林博文(著)、英治出版、2018年

『従業員のパフォーマンスを最大限に高める　エンゲージメントカンパニー』広瀬元義（著）、ダイヤモンド社、2020年

『「僕たちのチーム」のつくりかた　メンバーの強みを活かしきるリーダーシップ』伊藤羊一（著）、ディスカヴァー・トゥエンティワン、2022年

『組織文化を変える　競合価値観フレームワーク技法』キムS・キャメロン(著)、ロバートE・クイン(著)、ファーストプレス、2009年

『困難な組織を動かす人はどこが違うのか？　POSITIVE LEADERSHIP』キム・キャメロン(著)、高橋由紀子(翻訳)、日経BP、2022年

『企業文化をデザインする　戦略を超えた「一体感」のつくり方』冨田憲二（著）、日本実業出版社、2023年

『日本企業の組織風土改革　その課題と成功に導く具体的メソッド』柴田 昌治（著）、PHPビジネス新書、2015年

『「カルチャー」を経営のど真ん中に据える　「現場からの風土改革」で組織を再生させる処方箋』遠藤 功（著）、東洋経済新報社、2022年

『カルチャーモデル　最高の組織文化のつくり方』唐澤俊輔（著）、ディスカヴァー・トゥエンティワン、2020年

参考文献

『日本の会社員はなぜ「やる気」を失ったのか』渋谷和宏（著）、平凡社、2023年

『給料の上げ方：日本人みんなで豊かになる』デービッド・アトキンソン（著）、東洋経済新報社、2023年

『なぜ日本企業は勝てなくなったのか―個を活かす「分化」の組織論』太田肇（著）、新潮社、2017年

『「承認欲求」の呪縛』太田肇（著）、新潮社、2019年

『人材開発・組織開発コンサルティング　人と組織の「課題解決」入門』中原 淳（著）、ダイヤモンド社、2023年

『組織開発の探究　理論に学び、実践に活かす』中原 淳（著）、中村和彦（著）、ダイヤモンド社、2018年

『キャリアをつくる独学力――プロフェッショナル人材として生き抜くための50のヒント』高橋俊介（著）、東洋経済新報社、2022年

『自分らしいキャリアのつくり方』高橋俊介（著）、PHP研究所、2009年

『ひと目でわかるマネジメントのしくみとはたらき図鑑』野田 稔（監修）、千葉喜久枝（翻訳）、創元社、2022年

『組織論再入門：戦略実現に向けた人と組織のデザイン』野田 稔（著）、ダイヤモンド社、2016年

『成果を出す企業に変わる　組織能力開発』土井 哲（著）、幻冬舎メディアコンサルティング、2023年

『最強の戦略人事―経営にとっての最高のCAO／HRBPになる』リード・デシュラー（著）、クレイグ・スミス（著）、アリソン・フォン・フェルト（著）、土井 哲（翻訳）、東洋経済新報社、2020年

『60分でわかる！　ESG超入門』バウンド（著）、夫馬賢治（監修）、技術評論社、2021年

『ESGの「見えざる価値」を企業価値につなげる方法　DIAMOND ハーバード・ビジネス・レビュー論文』柳 良平（著）、DIAMONDハーバード・ビジネス・レビュー編集部（編集）、ダイヤモンド社、2021年

『人的資本経営　まるわかり』岩本 隆（著）、PHPビジネス新書、2023年

『企業価値創造を実現する　人的資本経営』吉田寿（著）、岩本隆（著）、日経BP　日本経済新聞出版、2022年

『図解　人的資本経営　50の問いに答えるだけで「理想の組織」が実現できる』岡田幸士（著）、ディスカヴァー・トゥエンティワン、2024年

『人的資本経営と開示実務の教科書1　人的資本経営の全体像　人的資本経営と開示の重要ポイント』松井勇（著）、KMDパブリッシング、2022年

『経営戦略としての人的資本開示　HRテクノロジーの活用とデータドリブンHCMの実践』一般社団法人HRテクノロジーコンソーシアム（著）、日本能率協会マネジメントセンター（著）、2022年

『リスキリングは経営課題　日本企業の「学びとキャリア」考』小林祐児（著）、光文社、2023年

著者・白井旬からのご案内

本書のご感想をＳＮＳにアップいただいた方に

人的資本経営の実践で役立つ！
うれしい特典をお届けします

特典内容：本書に掲載の全ワークシート

【第１章】「人的資本マネジメント」の可視化メモ
【第２章】「ＥＳＧ各項目→ＳＤＧｓ各目標」への翻訳ガイド
【第２章】「ライフ＆キャリア―グランド・デザイン」シート
【第３章】「人材活躍５分野 15 項目」診断シート
【第４章】「季節の成長実感３×３」シート
【第６章】「企業文化診断」の質問シート

＼アクセスはこちらから！／

https://www.syokuba-sx-lab.com/

職場の SDGs 研究所　検索

HP の［お知らせ・新着情報］―【読者特典】の
「全ワークシートプレゼント」からエントリー!!

～著者が直接、貴社に訪問し講師を務める Go・Go・Go ！キャンペーンも掲載中～

●著者プロフィール

白井　旬（しらい・じゅん）

職場の戦略人事パートナー

旅行会社、IT 企業、地銀系シンクタンク、経済支援団体、NPO 法人など多岐にわたるキャリアを通じ、「個人の活躍と事業発展の両立」を追求。職場リーダーから経営者までの 20 年の経験をもとに、人的資本の価値を引き出す独自メソッド「経験の資本化（商標登録出願中）」を提唱し、300 社・5 万人以上の支援実績を持つ。その人材育成と組織開発アプローチは「わかりやすく、すっと腹に落ちる」と評価されている。

沖縄県の「人材育成企業認証制度」事務局長を 10 年務め、独自の「活躍の方程式（活躍＝能力×状態）」を開発。近年は、沖縄から熊本、そして全国へと活動の場を広げ、「地域の人事部」としても地域社会における人材育成と組織開発のプラットフォーム構築にも尽力している。

著書に『生産性を高める職場の基礎代謝』（合同フォレスト、2018 年）『経営戦略としての SDGs・ESG』（合同フォレスト、2022 年）があり、企業向け「人的資本経営と ESG 思考」、個人向け「経験資本化ガイディング」を通じ、次世代の「未来から愛される会社®」づくりに邁進中。
株式会社職場の SDGs 研究所代表取締役、NPO 法人沖縄人財クラスタ研究会代表理事、「未来から愛される会社®塾」の代表も兼任。国家資格キャリアコンサルタントでもある。

組版・表組　GALLAP
装幀　華本達哉（aozora.tv）
イラスト・図版　春田　薫
校正　藤本優子

企業の未来を変える! 人的資本経営×ESG思考
「社員が主語」の人事戦略で成長は加速する

2025年３月14日　第１刷発行

著　者　白井　旬
発行者　松本　威
発　行　合同フォレスト株式会社
郵便番号 167 - 0051
東京都杉並区荻窪３ - 47-17　第４野村ビル　M200
電話 03（6383）5470
ホームページ　https://www.godo-forest.co.jp/
発　売　合同出版株式会社
郵便番号 184 - 0001
東京都小金井市関野町 1 - 6 -10
電話 042（401）2930　FAX 042（401）2931
印刷・製本　株式会社シナノ

ISBN 978-4-7726-6269-7　NDC 336　188 × 130

合同フォレストのホームページはこちらから ➡
小社の新着情報がご覧いただけます。